Christoph Dahms, Matthias Dahms

Die Magie der Schlagfertigkeit

spontan mit Sprache spielen

2. überarbeitete und erweiterte Auflage

Dahms Privatinstitut für Rhetorik
und Managementtraining GmbH
42929 Wermelskirchen

CIP-Titelaufnahme der Deutschen Bibliothek
Dahms Christoph:Die Magie der Schlagfertigkeit : spontan mit Sprache spielen ; eine Zauberfibel mit Lernprogramm / Christoph Dahms ; Matthias Dahms. - Wermelskirchen : Dahms Privatinst. für Rhetorik und Managementtraining, 1995
ISBN 3-980 4548-0-0
NE: Dahms, Matthias::

Printed in Germany

Lektorat: Jörg Reichwald, Köln
Umschlaggestaltung: Marion Algermissen, Köln

ISBN 3-980 4548-0-0

Inhaltsverzeichnis

Vorwort ... 12
Was ist Schlagfertigkeit? ... 15

Kapitel I: Wirkungsmittel in der Schlagfertigkeit

1. Haltung ... 21
2. Gestik ... 27
3. Mimik ... 31
4. Blickkontakt ... 36
5. Outfit ... 41
6. Sprache ... 42

Kapitel II: Die Techniken der Schlagfertigkeit

1. Pausentechnik ... 50
2. Fragetechniken ... 55
3. Übergehen ... 64
4. Verschieben ... 69
5. Begründung plus Ablehnen ... 73
6. Scheinantwort + Weitersprechen ... 80
7. Definition ... 86
8. Umdefinition ... 91
9. Einwand gleich Fundament ... 96
10. Exkurs: Nutzengedanke ... 105
11. Argumentation ... 118
12. Spiegeltechniken ... 129
Sprachspiegel ... 129
Ebenenspiegel ... 130
Logikspiegel ... 136
Gewichtungsspiegel ... 140
Zeitspiegel ... 145
Metapherspiegel ... 150
Entlarvungsspiegel ... 153

Sinneskanalspiegel 159
Emotionsspiegel 166
Körperspiegel 168

Kapitel III: DAHMS-Erfolgsprogramm zur Schlagfertigkeit

116 Übungen zur Schlagfertigkeit 174
Anhang: zusätzliches Übungsmaterial 200

Kapitel IV: Lösungsteil

Lösungsvorschläge 206

Zur Entstehung des Buches 241
Literaturhinweise 243
Gratis-Informationen 245

Vorwort

Fehlen Ihnen manchmal die Worte? Fallen Ihnen die passenden Worte zu spät ein? Werden Sie gelegentlich unfair angegriffen? Dann ist dieses Buch für Sie geschrieben. Es weiht in die Techniken der Schlagfertigkeit ein. Mit diesem Buch trainieren Sie, spontan, humorvoll und spritzig zu antworten.
Es freut uns, daß die 1. Auflage dieses Buches auf fruchtbaren Boden gefallen ist, so daß wir in dieser zweiten aktualisierten und erweiterten Auflage den Weg zu mehr Schlagfertigkeit noch leichter machen konnten.
Die Ihnen vorliegende 2. Auflage des Buches ist das Ergebnis der intensiven Weiterentwicklung des Schlagfertigkeitstrainings. Die in unseren Grundlagen- und Aufbauseminaren zum Thema Schlagfertigkeit vermittelten Techniken werden detailliert erklärt. Das Buch kann Ihnen damit als Einführung dienen, damit Sie sich in die Schlagfertigkeit einarbeiten können, oder als Nachschlagewerk und Trainingsbuch, um vorhandenes Wissen zu ergänzen und die Geschmeidigkeit der Sprache zu erhalten. Das Werk ist so gestaltet, daß es dem Anfänger die ersten Schritte in die Schlagfertigkeit erleichtert. Die Fortgeschrittenen finden Anregungen, Tips und Trainingsmaterial, um ihre Schlagfertigkeit noch spontaner einsetzen zu können.

Wer schlagfertig ist, findet hier die passenden Worte, passend zur Situation und zu sich selbst. Wer schlagfertig ist, kann insbesondere:

- überzeugen und erfolgreich verhandeln, wo andere die Flinte ins Korn werfen;
- sicher auftreten, wo anderen die Nerven durchgehen;
- spontan sein, wo andere sich zurückhalten;
- intuitiv richtig handeln, wo andere lange grübeln;
- kreativ sein, wo andere sich in eingefahrenen Gleisen bewegen;

- kommunikativ und verbindlich sein, wo andere eher schüchtern sind;
- eigene Ziele leicht erreichen, wo andere rätseln, wie's weitergehen soll;
- begeistern, wo andere Trübsal blasen.

Dieses Buch begleitet Sie auf dem Weg zur Schlagfertigkeit. Es stellt Ihnen Verhaltensweisen, Techniken und Ressourcen zur Verfügung, um das Ziel dieses Weges zu erreichen. Und Sie erhalten reichlich Übungsmaterial, um Schritt für Schritt vorwärtszukommen.

In der vorliegenden Form dient das Buch folgenden Zwecken:

- Sie bekommen einen umfassenden Überblick über die Techniken der Schlagfertigkeit.
- Sie erhalten kommunikative Strategien und Tips zum Umgang mit Angriffssituationen.
- Sie verfügen in diesem Buch über Trainingsmaterial, um den eigenen aktiven Wortschatz zu erweitern und Antwortstrategien auf Einwände und Angriffe auszubilden. Hierzu haben wir das DAHMS-Erfolgsprogramm zur Schlagfertigkeit entwickelt. In der vorliegenden zweiten Auflage wurde es um einen Lösungsteil ergänzt, damit Sie sich selbst auf Schlagfertigkeit trimmen können.
- Dieses Buch soll Spaß machen. Das wird es auch, denn schlagfertig gewordene Menschen schenken sehr viel Freude, Witz und Humor.
- Dieses Buch soll das Lernen in der Gruppe begleiten. Die Magie der Schlagfertigkeit kann das schlagfertige Gespräch in der Gruppe vorbereiten und ergänzen, nicht ersetzen.

Gerade diese Auflage hat uns nochmals vor Augen geführt, wie fruchtbar ein enger Austausch mit Lesern und Seminarteilnehmern ist. Herzlichen Dank an alle, die die Überarbeitung in Briefen, Anrufen, Diskussionen und auf Seminaren unterstützt haben. Intensiver Erfahrungsaustausch bringt einen jungen Wissens-

bereich weiter. Dank an alle, die die Entwicklung und Reife der Schlagfertigkeit begleitet haben.
Wir danken unseren Dozentinnen, Dozenten und Mitarbeiterinnen und Mitarbeitern für die konstruktive und hilfreiche Kritik. Besonderen Dank möchten wir unserem Bruder Burkhard Dahms und Jörg Reichwald aussprechen, die in vielen Diskussionen die Gestaltung dieses Buches begleitet haben.
Außerdem möchten wir danken: Birgit Dahms, Claudia Breitenstein-Dahms, Gertrud und Gerhard Dahms, Burkhard Diefenbach, Cordula Echterhoff, Dirk Gerlach, Rolf Heeseler, Katja Janke, Domagoj Jilk, Claudia Keiling, Jochen Maaß, Georg Ritschel, Martin Sasse, Nora Volke, Bernd Weißhaupt und Iris Witzel.
Durch das vorliegende Buch und den inzwischen erschienenen Folgeband „Schlagfertig sein in Rede und Verhandlung“ werden Sie in der Lage sein, Ihr privates und berufliches Leben positiv und glückbringend zu gestalten.
Wir wünschen Ihnen dabei viel Erfolg!

Wermelskirchen, Februar 1997

Christoph Dahms Matthias Dahms

Was ist Schlagfertigkeit?

Für viele Menschen ist schlagfertig, wer zur Situation und zum Partner passend reagieren kann. Für andere ist schlagfertig, wer durch sprachliche Mittel verblüfft.

Definition:

1) **Schlagfertigkeit ist die Kunst, jederzeit die angemessenen Worte zu finden.**
2) **Schlagfertigkeit ist die Kunst, durch überraschende Formulierungen zu beeindrucken.**

Der Weg zu mehr Schlagfertigkeit wird Sie mit den folgenden vier Bereichen in Berührung bringen:

Einsatz der Körpersprache
Sprachlich noch so geschickt erwiderte Angriffe wirken schwach, falls der körperliche Ausdruck eine ganz andere Sprache spricht. Zum Beispiel wirken inhaltlich überzeugende Reaktionen, jedoch mit leiser und piepsiger Stimme vorgetragen, verbunden mit unsicherem Hin- und Herbewegen und verlegenem Wegschauen, eher mitleiderregend als schlagfertig. Setzen Sie die Körpersprache deshalb passend zu Ihren Worten und Gefühlen ein. Näheres finden Sie im ersten Teil dieses Buches und bei den Ausführungen zum Körperspiegel.

Techniken der Schlagfertigkeit
Die beschriebenen Techniken ermöglichen Ihnen abgestufte sprachliche Reaktionen. Zum Beispiel können Sie einem Einwand oder Angriff schweigend begegnen und damit kaum weitere Angriffsfläche bieten. Sie möchten vielleicht argumentativ gegen einen Einwand zu Felde ziehen oder den Einwender mit einem positiven Blickwinkel überraschen. Dies sind nur einige Anregungen aus einer breiten Palette, die Sie noch genau kennenlernen werden.

Techniken kennen ist eine Sache, die praktische Umsetzung im geschäftlichen und privaten Alltag eine andere. Bereiten Sie sich auf die Praxis vor, indem Sie die angegebenen Trainingshinweise nutzen.

Training des Wortschatzes

Wem die Wörter fehlen, wer zu lange nachdenken muß, der verpaßt den Augenblick für beeindruckende Reaktionen. Schlagfertig ist, wer aus einem großen Wortschatz heraus pfiffig und schnell formulieren kann. Hierzu enthält dieses Buch 116 Übungen im DAHMS-Erfolgsprogramm zur Schlagfertigkeit. Wir sind in unseren Seminaren immer wieder erstaunt, wie schnell sich der Wortschatz durch dieses Training erweitert.

Mut zur Schlagfertigkeit

Viele Menschen trauen sich nicht, schlagfertig zu sein. Sie filtern Mut, Spontanität, Witz und Humor aus ihren Aussagen heraus. Schlagfertige Aussagen, die schon längst auf der Zunge liegen, werden zum Beispiel blitzschnell daraufhin überprüft,

- ob sie sich schicken,
- ob sie höflich sind,
- ob damit ein guter Eindruck gemacht werden kann,
- ob die Partnerin oder der Partner sie nicht vielleicht doch in den falschen Hals bekommen könnten,
- ob es eventuell negative Folgen gibt, die sich zum gegenwärtigen Zeitpunkt nicht abschätzen lassen,
- ob sie verletzend wirken könnten,
- ob der andere damit umgehen kann und die Äußerungen richtig verstehen wird,
- ob diese Bemerkungen widersprüchlich sind, zu Aussagen, die irgendwann schon mal geäußert wurden.

Spontan und witzig sein wird dadurch zu einem unkalkulierbaren Risiko. Oft wird sich nur geäußert, wenn eine Aussage alle Filter passiert hat. Das dauert und wirkt blut- und herzlos. Diese Menschen halten sich zurück. Sie gelten als ruhig, still, sensibel oder reserviert. Obwohl diese Menschen die Argumente der Gegenseite längst durchschaut haben und die eigenen Argumente tausendmal stichhaltiger sind, fehlt manchmal die Courage, sich gegen Widerstand durchzusetzen. Sehr geehrte Leserin, sehr geehrter Leser, haben Sie den Mut zur schlagfertigen Reaktion, trauen Sie sich, schlagfertig Paroli zu bieten.

Man hat einen deutlich größeren Handlungsspielraum, als man glaubt. Zwischen der 'ängstlichen Zurückhaltung' und der 'gewagten Äußerung' liegen Welten. Testen Sie die neuen Verhaltensweisen in Situationen, von denen wenig abhängt. Sie werden häufig bewundernde Reaktionen in den Augen Ihrer Umgebung finden. Vor sich selbst schlagfertig sein zu dürfen, ist Balsam für die Seele!

Kapitel I

Die Wirkungsmittel in der Schlagfertigkeit

Die Wirkungsmittel

Wie wichtig der körpersprachliche Ausdruck in der Schlagfertigkeit ist, macht das folgende Beispiel deutlich. Besonders wirkungsvoll ist das Beispiel, wenn Sie den körpersprachlichen Ausdruck der beiden Reaktionen nachvollziehen, während Sie den Gesprächsausschnitt lesen. Nehmen wir an, Sie betreten das Büro von Ihrem Chef oder einer anderen Autoritätsperson, und er sagt zu Ihnen in vorwurfsvollem Ton:

Chef: „Sie haben mir gerade noch gefehlt!"

Reaktion I: Sie zucken innerlich zusammen. Ihr Rückgrat beugt sich leicht nach vorn, die Schultern und Arme verlieren ihre Spannung und hängen schlaff herunter. Sie atmen aus, und der Kopf fällt leicht vorne über. Die Mundwinkel hängen und fangen an zu zittern. Sie zupfen sich verlegen an der Kleidung und schauen verwirrt zu Boden. Mit zurückgenommener, zögerlicher Stimme sagen Sie kleinlaut und etwas eingeschüchtert: „Ehmm, ich wollte Sie nicht stören, aber ich brauche Ihre Hilfe. Ich weiß nicht mehr weiter."

Reaktion II: Sie richten sich leicht auf und drücken Ihr Rückgrat durch. Ihre Schultern sind kraftvoll gespannt, die Arme sind in die Hüften gestemmt, und Sie atmen tief ein. Den Kopf heben Sie leicht an, die Mundwinkel spannen sich etwas, der Mund öffnet sich. Die Kleidung unterstützt Ihre souveräne Ausstrahlung, und Sie schauen dem Gegenüber in die Augen. Mit forscher fordernder Stimme sagen Sie: „Hallo Herr Hochtier, es kommt noch dicker. Die 12.00 Uhr-Lieferung ist noch nicht da. Was sollen wir tun?"

Wenn Sie sich in die Körpersprache beider Reaktionen hineinversetzen, werden Sie sich beim Lesen der ersten Erwiderung vielleicht schwach, hilflos oder sogar bemitleidenswert fühlen, während Sie die zweite Reaktion selbstbewußt und sicher macht.

Über 90 % Ihres Gesamteindrucks wird von der körpersprachlichen Ausstrahlung während des Sprechens bestimmt. Dies ist der Grund, warum wir uns im Bereich der Schlagfertigkeit auch mit der Körpersprache beschäftigen werden.
Gut eingesetzte Wirkungsmittel können schon im Vorfeld einer Rede oder Verhandlung so viel Sympathie erzeugen, daß es schwer fällt, anzugreifen und Einwände zu formulieren.
Zwecks eingehender Untersuchung der Körpersprache wird sie in folgende sechs Bereiche gegliedert:

Sechs Wirkungsmittel	
• Haltung • Gestik • Mimik	• Blickkontakt • Outfit • Sprache

1. Wirkungsmittel: Haltung

Was gehört zum Wirkungsmittel Haltung?

Der ganze Körper gestaltet die Haltung. Zum Beispiel wird die Wirkung auf andere Menschen in Redesituationen von folgenden Aspekten beeinflußt:

- Stehen Sie buchstäblich mit dem Rücken an der Wand, hinter einem Rednerpult oder frei im Raum? Wer sich im Stehen anlehnt oder verstecken muß, wirkt anlehnungsbedürftig oder braucht eine Stütze, um nicht umzufallen. Wer sich frei im Raum aufrichtet, steht dagegen auf eigenen Füßen und bekommt von Publikum und Gesprächspartner mehr Selbständigkeit zugebilligt.
- Mit breitbeinigem Stand beansprucht ein Mensch vergleichsweise viel Raum für sich. Stoßen die Füße aneinander, gibt er

sich mit weniger Raum zufrieden und überläßt anderen das Feld. Dies gilt gerade auch für Frauen. Berühren sich die Schuhe beim Stehen, resultiert daraus eine unsichere Haltung auf kleiner Standfläche, die unscheinbar und schüchtern wirken kann. Haben die Schuhe jedoch einen Abstand von nur 7 bis 10 cm, wirkt der Stand deutlich sicherer.

- Ist ein Bein wesentlich stärker belastet als das andere, wirkt der Stand einseitig. Deshalb sollten die Füße das Gewicht gleichmäßig tragen. Dadurch hinterläßt der Mensch einen ausgewogenen Eindruck.
- Wechselt die Haltung häufig, verbreitet sich eine unruhige Stimmung. Macht der Redner oder Gesprächspartner durch seine Haltung dagegen insgesamt einen in sich ruhenden Eindruck, wird auf Ausgeglichenheit des Menschen geschlossen.
- Ist die Haltung aufrecht und geradlinig, wird auch ein entsprechender Charakter dahinter vermutet. Eine gebeugte und in sich gekehrte Haltung wirkt belastet und verschlossen.

In Gesprächen und Verhandlungen spielt die Sitzhaltung eine entscheidende Rolle, denn durch den körpersprachlichen Ausdruck der Beteiligten wird die inhaltliche Ebene des Gesprächs gespiegelt. Zugeneigte Körperhaltung drückt beispielsweise eine zustimmende Einstellung aus, während größer werdende Distanz Nachdenklichkeit, Ablehnung oder Widerspruch zeigt. Verändert sich die Haltung während des Gesprächs, werden sich auch die inhaltlichen Positionen der Gesprächspartner verändert haben.
Folgende Verhaltensweisen lassen sich bei der Sitzhaltung beobachten:

- Wird die Sitzgelegenheit ganz genutzt, wirkt die Haltung sicher. Nutzt man den Stuhl oder den Sessel hingegen nur teilweise, entsteht der Eindruck des „auf dem Sprung sein's“. Hektisch und nervös wirkt dann die Haltung.
- Strebt die Sitzposition zum Gesprächspartner hin oder von ihm weg? Darüber wird persönlich oder inhaltlich Nähe oder Distanz ausgedrückt.

- Wippt ein Gesprächspartner mit dem Stuhl, wirkt dies häufig geistig abwesend und unruhig.
- Wenn sich die Haltung dauernd ändert, kann vielleicht auf eine noch nicht gefestigte Meinung geschlossen werden.
- Werden Aussagen stark gestisch untermauert, ist die Wirkung engagiert und interessiert.
- Wie ist die Sitzposition im Verhältnis zum Raum, zum Partner oder zum Licht? Sitzen Sie beispielsweise mit dem Rücken zum Licht, während Ihr Gesprächspartner ins Licht schaut, können Sie Ihren Partner sehr gut beobachten, obwohl Sie für ihn etwas im Dunkeln bleiben. Besser ist es, eine Lichtquelle seitlich der Gesprächspartner zu positionieren. Sollten Leuchten den ungestörten Blickkontakt behindern, sind sie zu entfernen.
- Eine Sitzhaltung kann raumgreifend und offen oder zurückgezogen und verschlossen sein. Beanspruchen Sie viel Platz für sich, wirken Sie selbstsicherer und selbstbewußter.
- Die Füße werden fast immer unter die Sitzfläche gezogen, wenn Menschen aufstehen möchten. Sie drücken damit aus, daß sie am liebsten gehen wollen. Die Füße gehören deshalb nicht unter die Sitzfläche. Setzen Sie die Füße ein wenig nach vorne, so daß Ober- und Unterschenkel einen Winkel von etwas mehr als 90° bilden.

Nicht nur Sitzen und Stehen, sondern auch Bewegungen beeinflussen stark die Wirkung von Menschen. Ist der Gang aufrecht oder gebeugt, bestimmt oder schlurfig, ruhig oder hektisch. Alle diese Eindrücke werden von der Haltung losgelöst und verallgemeinernd auf die ganze Persönlichkeit des Menschen übertragen. In die Betrachtung des Wirkungsmittels Haltung kann auch die Gruppe einbezogen werden. Dieses Wirkungsmittel kann ein Mitglied der Gruppe an das andere ausrichten, so daß Zugehörigkeit zur Gruppe ausgedrückt wird. Oder es grenzt sich durch die Sitzposition oder seinen Stand ab. Wird Körperkontakt gesucht und erwidert oder vermieden? Die Position eines Gruppenmitglieds kann innerhalb oder außerhalb der Gruppe liegen.

Die Haltung läßt Rückschlüsse auf die Gefühle und Stimmungen eines Menschen zu. Ob sich ein Mensch in einer Situation wohl, sicher und geborgen fühlt, kann besonders gut an diesem Wirkungsmittel erkannt werden.

Warum ist die Haltung wichtig?

Aus zwei Gründen ist die Haltung ein sehr wichtiges Wirkungsmittel:
Erstens wird durch dieses Wirkungsmittel oft der erste gegenseitige Eindruck geprägt. Dadurch wird das Fundament von Beziehungen gelegt. Vielleicht kennen Sie dieses Verhalten auch aus eigener Erfahrung: Hinterläßt ein Mensch einen stabilen und verläßlichen ersten Eindruck, werden auch die folgenden Handlungen in diesem Horizont wahrgenommen.
Zweitens wird von der Körperhaltung eines Menschen auf seine Einstellungen und Charaktereigenschaften geschlossen. Wirkt die Haltung sicher, glauben wir, daß der Mensch insgesamt sicher ist. Macht die Haltung einen labilen Eindruck, schreiben wir dem ganzen Menschen ein geringes Stehvermögen zu.

Tips und Regeln für Gespräch und Rede

Grundsätzlich gilt: Stellen Sie sich auf die Haltung des Partners, der Partnerin oder der Gruppe ein. Es wirkt sympathisch, wenn sich die Haltungen etwas angleichen, weil sich die Menschen dann im jeweiligen Gegenüber leichter wiederfinden können. Darüber hinaus beachten Sie für Gespräche folgende Regeln, um sicher zu wirken:

- Nutzen Sie die Sitzgelegenheit ganz aus (Sitzfläche, Armlehnen, Lehne). Für kleine Menschen ist diese Regel nur einzuhalten, wenn ein Baumeln der Beine in Kauf genommen wird. Setzen Sie sich in diesem Fall so weit nach vorne, daß die Füße ganz auf dem Boden stehen. Zusätzlich genutzte Armlehnen verstärken die Wirkung des Oberkörpers und lassen einen Menschen dadurch größer erscheinen.

- Sollten Sie keine Armlehnen zur Verfügung haben, lassen Sie die Hände und Handgelenke auf den Oberschenkeln ruhen. Von dort aus können Sie leicht gestikulieren.
- Sitzen Sie aufrecht, und neigen Sie sich Ihrem Gesprächspartner etwas zu. So drücken Sie buchstäblich 'Zuneigung' aus.

Für die Haltung bei Reden und Vorträgen gelten folgende einfache Regeln:
- Stehen Sie ruhig, bequem, und belasten Sie beide Füße gleichmäßig. Häufige Gewichtsverlagerung wirkt unsicher und führt zu unsymmetrischem Verhalten.
- Stellen Sie Ihre Füße etwa eine Handbreit auseinander, damit Sie einen festen Stand haben. Es entsteht ein kraftvoller und ausgewogener optischer Eindruck, der sich auf den Inhalt der Ausführungen überträgt.
- Nehmen Sie die Hände in den Bereich der Gürtellinie, damit werden die Gesten lebendiger, und das Lesen des Konzeptes wird erleichtert.
- Halten Sie die Hände so, daß sie gesehen werden können. Dadurch entsteht eine vertrauenerweckende und engagierte Wirkung. Die Gesten können dadurch gut wahrgenommen werden.
- Sie können Gegenstände ruhig in der Hand halten (zum Beispiel: Schreibgerät, Zeigestock, Konzeptkarten).
- Stehen Sie insgesamt locker. Um abwechslungsreicher zu sein, sollten Sie gerade bei längeren Vorträgen den ursprünglichen Standort ab und an verlassen. Dies gilt insbesondere auch dann, wenn durch Säulen oder andere bauliche Eigenheiten für einen Teil des Publikums die Sicht zu Ihnen versperrt ist.
- Häufig kommt durch Einsatz von Medien ganz natürlich Bewegung in den Vortrag.

Wie kann die Wirkung gestaltet werden?

Wie können Sie Ihre Wirkung über die Haltung bewußt steuern? Lassen Sie uns dazu die visuellen Auslöser für eher sichere bzw.

unsichere Wirkung der Haltung in tabellarischer Form gegenüberstellen.
Beachten Sie dabei, wie bereits eingangs erwähnt, daß es natürlich noch von der jeweiligen beobachteten Person und der Situation des Redners oder Gesprächspartners abhängt, wie eine Haltung wirkt. Außerdem fließen die Erfahrungen des Beobachters in die Interpretationen ein, so daß die Wirkung nie vom Beobachter losgelöst werden kann. Der Beobachter sieht immer auch sich selbst.

unsicher	**sicher**
stehen	**stehen**
• angelehnt (wirkt anlehnungsbedürftig)	• frei (kommt ohne Stütze oder fremde Hilfe aus)
• die Füße stoßen aneinander (wirkt steif, traut sich nicht recht)	• breitbeinig (nimmt sich einfach den Raum, den er braucht)
• Füße einseitig belastet (wirkt unsymmetrisch, fällt gleich um)	• Füße gleichmäßig belastet (standfest, stabil und ausgewogen)
• nervös, fahrig, unkontrolliert	• ruhig, bewußt
sitzen	**sitzen**
• nutzt Sitzgelegenheit teilweise	• nutzt Sitzgelegenheit ganz
• links, rechts, vorn und hinten verschoben	• sitzt zur Mitte der Sitzgelegenheit zentriert
• dauernd ändernd (hin- und herrutschend)	• dauerhaft unveränderte Sitzposition
• gestisch fahrig unterstützt	• gestisch stimmig unterstützt
• die Nähe zur Wand suchend	• frei im Raum
• vom Partner abgewandt	• dem Partner zugeneigt
• im Schatten sitzend	• das Licht suchend
bewegen	**bewegen**
• Gang gebeugt, schlurfig, hektisch	• Gang aufrecht, bestimmt, ruhig

Gruppenbezug	Gruppenbezug
• alleine • abgrenzend • mitlaufend • Körperkontakt vermeidend und ablehnend	• Teil der Gruppe • einfühlend • behauptend • Körperkontakt suchend und erwidernd

2. Wirkungsmittel: Gestik

Was gehört zum Wirkungsmittel Gestik?

Hände und Arme sind die Ausdrucksmittel der Gestik. Ihre Stimmungen und Gefühle tragen Sie damit in die Umwelt. Gesten sind ein starkes Ventil der Persönlichkeit. Raumgreifende, stark betonte Gesten wirken temperamentvoll, engagiert und mitreißend. Die Gestik eines Menschen wird stark von seinem kulturellen Umfeld geprägt. Die Bedeutung einer Geste kann beispielsweise in arabischen oder südeuropäischen Ländern anders sein als bei uns. Es gibt sogar familien- oder gruppenspezifische Gesten. Wenn über dieses Wirkungsmittel Rückschlüsse über die Befindlichkeit eines Menschen vorgenommen werden, sollte deshalb auch der soziale Kontext berücksichtigt werden.

Warum ist die Gestik wichtig?

Mit der Gestik leben wir unsere Gefühle stark nach außen. Unsere Einstellung zum Gesprächspartner oder zum Publikum wird deutlich, indem wir abfällig oder bewundernd gestikulieren. Gesten sind oft viel aussagekräftiger als Worte.
Sie kennen vielleicht aus Ihrer eigenen Erfahrung heraus auch einige Situationen, in denen Sie sich den Mund verbrannt haben, denn manchmal gießen Worte nur Öl ins Feuer. Schweigen wäre wohltuender gewesen. Eine Geste löst manchmal verblüffend leicht Konflikte, denn oft läßt sich mit Gesten leicht ausdrücken, was mit Worten schwer verständlich wäre.

Große Gesten lassen auf einen temperamentvollen und engagierten Redner schließen. Durch viel Gestik wirkt eine Rede lebendig und mitreißend, weil der Redner das Gesagte zusätzlich optisch unterstreicht. Soll dagegen ein sachlicher Vortrag gehalten werden, der inhaltlich überzeugen soll, ist es besser, die Gestik leicht zurückzunehmen.
Sie können die Wirkung Ihrer Gestik optisch durch andere Wirkungsmittel verstärken oder dämpfen. Verstärkend wirkt dunkle Kleidung, weil die vergleichsweise hellen Hände sich deutlich vom Hintergrund abheben. Durch andersfarbige Kleidung der Arme gegenüber dem Rest des Oberkörpers (z. B. Bluse oder Oberhemd mit andersfarbiger Weste) treten auch die Bewegungen der Arme deutlicher hervor. Außerdem können die Arme und Hände durch Gegenstände wie Stift, Manuskriptkarten oder Zeigestock „verlängert“ werden. Dies verstärkt zusätzlich die Wirkung der Gestik.
Entsprechend dämpfend wirkt helle einfarbige Kleidung und der Verzicht auf Gegenstände in den Händen. Dies ist beispielsweise dann ratsam, wenn Ihre Hände in belastenden Situationen leicht zu zittern beginnen.

Um sicher zu wirken, vermeiden Sie sogenannte Unsicherheitsgesten, denn durch schlagfertige Erwiderungen und gleichzeitig unsichere Gesten entsteht ein widersprüchlicher Eindruck beim Partner. Beherzigen Sie folgende Tips:

- **Zeigen Sie die Hände.**
  Wenn die Hände auf dem Rücken, in den Hosentaschen oder unter dem Tisch versteckt werden, entsteht eine unsichere Wirkung. Dieses Verhalten hinterläßt beim Zuschauer den Eindruck, als ob der Redner oder Gesprächspartner etwas zu verbergen hätte. Zusätzlich ist Ihre Gestik blockiert. Halten Sie deshalb Ihre Hände in jedem Fall im Blickfeld des Gegenübers.

- **Vermeiden Sie Putzgesten.**
  Bevor Sie ins Rampenlicht gehen, zupfen Sie die Kleidung zurecht, sorgen Sie für ein gut sitzendes Brillengestell. Ordnen Sie alles, solange Sie anonym sind, und die Augenpaare des Publikums noch auf anderes gerichtet sind.

- **Vermeiden Sie Achselzucken.**
  Die Unsicherheitsgeste schlechthin ist eine Verbindung aus Achselzucken und seitlicher Bewegung der nach oben geöffneten Hände. Diese Kombination von Gesten drückt aus: „Ich weiß nicht mehr weiter. Ich kann das nicht.“ Häufig ist diese Geste auch am Ende von Vorträgen zu beobachten und drückt dann aus: „So, das war's.“ Achselzucken wirkt auf den Zuhörer hilf- und ratlos, schwach und überfordert. Einen Eindruck, den man besser vermeiden sollte!

- **Meiden Sie übertriebene Gestik.**
  Beim Suchen nach Worten neigen einige Menschen dazu, Dinge, die sie sprachlich nicht ausdrücken können, durch zu starke Gestik zu vermitteln.

- **Spielen Sie nie mit Gegenständen.**
  Das Spielen mit Utensilien wie Bleistift, Folienstift, Schmuck, Konzeptkarten, Zeigestock oder Brille wirkt nervös und macht nervös. Ihre Worte lösen Konfusion aus, weil Sie Nervosität auf Ihre Zuhörerschaft übertragen.
  Ruhig gehaltene Gegenstände sind dagegen durchaus erlaubt. Der Stift oder der Zeigestock gibt Ihnen buchstäblich Halt, und Sie wissen, wo Sie Ihre Hände lassen können.

Wie kann die Wirkung gestaltet werden?

Wenn Sie sicher auftreten wollen, halten Sie die Hände in der Höhe der Gürtellinie oder etwas darüber: So genießen Sie eine Reihe von Vorteilen:

- Ihre Gestik braucht nur einen kleinen Impuls, um leicht und natürlich das Gesagte zu unterstreichen.
- Das Manuskript ist in dieser Position leicht und gut ablesbar, wenn es nach den Regeln einer guten Konzeptgestaltung vorbereitet ist.[1]
- Sie halten Ihre Hände im Sichtfeld der Zuhörerschaft und wirken dadurch sympathisch und offen.

In unseren Seminaren wird häufig das Rednerpult angesprochen. Auf der einen Seite schafft es ein Stück Sicherheit, denn der Redner kann sich dahinter von seinem Publikum abgrenzen, kann sich darauf abstützen und findet Halt. Auf der anderen Seite verdeckt sich der Redner selbst und schafft Distanz zum Publikum. Hinter dem Pult wirkt die Haltung nur vom Brustkorb aufwärts. Die Gestik muß deshalb (besonders bei kleinen Menschen) sehr ausladend sein, damit sie überhaupt zum Vorschein kommt.
Weil das Pult die eigenen Wirkungsmittel abdeckt, sollten Sie auf dieses antiquierte Requisit verzichten. Besser ist es, nur mit Mikrofonständer zu arbeiten, weil Sie so frei und uneingeschränkt Ihre Wirkungsmittel voll zur Geltung bringen können.
Häufig wird eingewendet, daß so das Manuskript nicht mehr abgelegt werden kann. Wenn Karteikarten in Postkartengröße eingesetzt werden, läßt sich das Geschriebene ohne zusätzliche Ablagemöglichkeit auch bei Windstärke 5 fest in der Hand halten.

Trainieren Sie Ihre Gestik durch gesteigerte Wahrnehmung von sich und anderen. Ihr Ziel sollte jedoch nicht sein, die gesehenen Gesten zu kopieren, denn häufig paßt die fremde Gestik nicht zu Ihrer Persönlichkeit. Erfolgversprechender ist es, eigene und fremde Gestik zu beobachten. Dies führt zu einer Ihnen gemäßen Übernahme der fremden Gestik. Finden Sie Ihren eigenen Stil.

---

[1] Vergleichen Sie zur Vorbereitung von Reden und Gesprächen: Schlagfertig sein in Rede und Verhandlung, S. 85-113 und S. 285 ff.

3. Wirkungsmittel: Mimik

Was gehört zum Wirkungsmittel Mimik?

Sie schauen einem Menschen ins Gesicht, und Sie (glauben zu) wissen, wie er sich fühlt. Der mimische Ausdruck ändert sich ständig, weil jeder Gedanke auch durchs Gesicht huscht. Beim Gesichtsausdruck spielen beispielsweise folgende Elemente zusammen:

- hängende oder hochgezogene Mundwinkel
- geöffneter oder geschlossener Mund
- breite oder schmale Lippen
- geblähte oder eingedrückte Nasenflügel
- faltige oder glatte Nasenwurzel
- offene, geschlossene oder zugekniffene Augen
- weite oder enge Pupillen
- hoch- oder zusammengezogene Augenbrauen
- stark oder schwach ausgeprägte Augenfalten
- in Falten gezogene oder glatte Stirn
- ausgeprägte oder kleine Kinnpartie
- fleischige oder schmale Wangen
- schlanker oder breiter Hals

Die Mimik wird zusätzlich zum Beispiel beeinflußt durch:

Frisur: Die Haare können große Teile des Gesichts verdecken. Gerade die Stirnpartie und teilweise die Wangen verschwinden hinter der Haarpracht. Gelegentlich fallen die Haare sogar in die Augen.
Bartwuchs: Durch den Bart werden Teile des Gesichtes versteckt, aber auch betont.
Brille: Die Wirkung der Augen wird durch eine Brille stark verändert. Eine Brille kann die Blicke auf sich ziehen oder ganz unscheinbar, fast unbemerkt den Blick schärfen.
Kosmetik: Alle kosmetischen Veränderungen haben starke Auswirkungen auf die Mimik. Der Sinn der Kosmetik ist es geradezu, das Gesicht und die Mimik zu gestalten.

Schmuck: Ob dezent oder auffallend - Ohren- oder Nasenringe, Haarspangen und Halsschmuck verändern die mimische Ausstrahlung.
Kleidung: Über die Farbwahl ist der Gesichtsausdruck gestaltbar, weil besonders die Oberbekleidung im Brust- und Halsbereich farblich enorm auf das Gesicht ausstrahlt. Die Wahl des Dekolletés wirkt sich genauso bestimmend auf die Mimik aus wie eine Kopfbedeckung.
Gesten: Wesentlichen Einfluß auf die Ausstrahlung des Gesichts haben die Hände, wenn sie ins Gesicht genommen werden. Der vorhandene Gesichtsausdruck wird durch die jeweiligen Gesten noch unterstützt.

Warum ist die Mimik wichtig?

Ein Lächeln sagt oft mehr als tausend Worte, weil es Gefühle anspricht. Mimik ist das Wirkungsmittel, an dem Gefühle abgelesen und mit dem Stimmungen übertragen werden. Mimik sind gelebte Stimmungen und Gefühle im Gesicht.
Reaktionen können nur wirklich schlagfertig sein, wenn die Gefühle der Umwelt geachtet und berücksichtigt werden. Schlagfertige Menschen gehen deshalb folgendermaßen vor:

1. Sie erfassen zunächst gefühlvoll an der Mimik der Menschen im Publikum oder des Gesprächspartners die Stimmungen ihrer Umgebung.
2. Sie setzen ihre Schlagfertigkeit in einer zur Stimmung passenden Weise ein.
3. Sie lesen an den Gesichtern ab, wie ihre Äußerung angekommen ist.
4. Die erneute Reaktion nutzt den Gestaltungsspielraum der Schlagfertigkeit, um Stimmungen zu bestätigen, zu verstärken oder zu verändern.

Die Ausrichtung der Schlagfertigkeit an der Stimmung des Gegenübers ist für humorvoll witzige Äußerungen genauso elemen-

tar wie für unterstützend helfende, aber besonders auch für zurechtweisende, klarstellende und widersprechende Bemerkungen. Schlagfertige Menschen brauchen die mimische Rückmeldung des Partners, um weiterhin angemessen oder überraschend zu formulieren.
Vielen kleinlichen Streitereien kann durch einen freundlichen Blick aus dem Wege gegangen werden, denn Zankerei entsteht, weil sich Menschen zum Beispiel mißachtet und abgewertet fühlen. Wer Menschen anlächelt, (be-)achtet seine Partnerin oder seinen Partner und wertet sie oder ihn auf. So entsteht eine menschliche Basis, die Streit und Zank entbehrlich macht.
Eine positive Mimik und Schlagfertigkeit sind untrennbar miteinander verbunden und aufeinander angewiesen.

Tips und Regeln für Gespräch und Rede

Grundsätzlich gilt in Gesprächen und Reden: Lächeln Sie! Denn die von Ihnen ausgehende Grundstimmung sollte positiv sein.
Manchmal kommen Sie vielleicht mit Menschen in Berührung, denen es schlecht geht, die schlechte Laune haben oder die trauern. Hier wirken Stimmungskanonen falsch am Platz und wenig gefühl- und taktvoll.
Bevor Sie Stimmung machen, fühlen Sie sich in die bestehenden Gegebenheiten ein. Erspüren Sie, wie Sie sich angemessen verhalten können, damit Sie einfühlsam auf Ihre Umgebung reagieren. Auch still sein, schweigen und zuhören kann in vielen Situationen des Lebens sehr angebracht sein. Schlagfertig ist hier, wer einfach da ist und Zeit hat für den anderen. Schweigen ist manchmal auch sehr schlagfertig.
Mit der Zeit wird sich die Stimmung vielleicht verändern lassen. Wenn in vertrauensvoller Atmosphäre zunächst ausgesprochen wurde, was das Herz weinen ließ, kann dann die Sonne wieder scheinen. Nach und nach werden die Gefühle freundlicher. Fröhliche, humorvolle und pfiffige Formulierungen reizen dann vielleicht später zum Lächeln und zum Lachen.

Wie kann die Wirkung gestaltet werden?

Ein Weg zu einer positiven Mimik sind freundliche Gedanken. Sie lächeln und werden angelächelt, wenn Ihre Ideen und Einfälle angenehm sind. Versetzen Sie sich zum Beispiel in ein herzerfrischendes, wohltuendes und schönes Ereignis, oder phantasieren Sie sich eine traumhafte Situation, wie Sie sie gerne einmal erleben möchten. Sie sehen einfach besser aus, wenn Sie Attraktives denken und fühlen.

Alle Menschen haben feste Auslöser für positive Stimmungen. Sie erinnern sich beim Klang einer bestimmten Musik an einen Tanz mit der/dem Liebsten. Verliebte haben „ihr Lied“. Ein bestimmter Geruch, ein Gesicht oder ein Lächeln versetzt ins Paradies. Formen Sie ein kleines Paradies auf Erden, indem Sie angenehme Stimmungen verbreiten.

Ein anderer Möglichkeit ist eine positive Einstellung zu gestellten Aufgaben.

Nehmen wir als Beispiel eine wichtige Präsentation oder einen Vortrag. Viele Menschen glauben, den Erwartungen der Zuhörer nicht zu genügen. Das macht Angst, löst Hemmungen aus und blokkiert den Redefluß.

Verändern Sie die Einstellung zur Vortragssituation. Durch Ihre Rolle als Redner oder Vortragender genießen Sie Autorität, die Sie sich ohne diesen Amtsbonus erst mühsam erwerben müssen. Beim Vortrag bekommen Sie die Ohren Ihres Publikums frei Haus geliefert. Sie entscheiden über Art und Weise der Darstellung, können Pausen machen und leiten einen Lernprozeß bei Ihren Zuhörern ein. Zu Ihnen schaut man auf, und die Menschen hängen an Ihren Lippen. Sie werden vielleicht sogar bewundert und bleiben in Erinnerung. Atmen Sie tief durch, und lassen Sie mutig, selbstbewußt und gut vorbereitet die Dinge laufen.

Als wichtigsten Weg zu einer positiven Mimik praktizieren Sie als dritten Weg eine bejahende Einstellung zu sich selbst und zu Ihren Lebensumständen. Hier liegt das Energiezentrum, aus dem Sie kraftvoll schöpfen können. Gemeint ist nicht die rosarote Brille, die letztlich nur die Wahrnehmungsfähigkeit trübt, sondern Handeln nach Lebens- oder Glaubensgrundsätzen wie den folgenden:

Lebens- oder Glaubensgrundsätze

- Ich übernehme die Verantwortung für mein Leben.
- Ich kann mein Leben aktiv gestalten.
- Ich bestimme die Regeln in meinem Leben selbst.
- Ich bestimme über Zielsetzungen in der Gegenwart meine Zukunft.
- Ich bin bereit, im Leben Fehler zu machen und aus ihnen zu lernen.
- Ich weiß, was ich will, und bin Neuerungen und Veränderungen gegenüber aufgeschlossen.
- Ich sehe mein Leben als ständigen Entwicklungsprozeß, der Lernen ermöglicht.
- Ich bin bereit, Menschen bei ihrer Entwicklung zu unterstützen.
- Ich bin mir meiner Grenzen bewußt und lerne, sie zu erweitern.
- Ich gehe mit der Ressource Zeit zielorientiert um.
- Ich fühle mich meinem Nutzen und dem Nutzen meiner Umwelt verpflichtet.

Wenn Sie sich einige dieser Lebenseinstellungen aneignen und ausleben, wird auch Ihre Mimik - wie von selbst - langfristig andere Züge bekommen.
Die Mimik ist das Spiegelbild der Lebenseinstellung. Sie sind verantwortlich für Ihre Stimmung und für die Stimmung, die Sie verbreiten. Wer sich gut fühlt, bei dem fühlt man sich gut.

Wer seine Mimik zielorientiert einsetzt, kann Beziehungen gestalten. Wer sich gut fühlt und andere Menschen über seine Ausstrahlung daran teilhaben läßt, kennt einen Weg, um Menschen zu begeistern. Ein Lächeln läßt Funken überspringen. Dadurch entfachen Sie möglicherweise Flammen und stecken andere an. Seien Sie Feuer und Flamme für sich und Ihre Ideen, und ziehen Sie andere Menschen mit.

4. Wirkungsmittel: Blickkontakt

Was gehört zum Wirkungsmittel Blickkontakt?

Sofern die Augen geöffnet sind, ist immer Blickkontakt vorhanden. Der Blick geht genau dorthin, wo die gedankliche Energie des Partners gebündelt wird.
Fehlt der Augenkontakt, fühlt man sich ignoriert und mißachtet. Denn schaut Ihr Partner zum Beispiel die Decke an, teilt er Ihnen mit, daß ihn die Decke mehr interessiert als Sie. Wandert sein Blickkontakt zum Fenster hinaus, ist das Gegenüber buchstäblich ganz woanders mit seinen Gedanken.
Wer dagegen angeschaut wird, fühlt sich beachtet, ernst genommen, akzeptiert und aufgewertet. Der Blickkontakt zum Gesprächspartner stellt den Partner in den gedanklichen Mittelpunkt. Man ist bei der Sache und hört sich gegenseitig zu.
Der Blickkontakt hängt sehr eng mit der Mimik zusammen. Ein anerkennender Blick und ein liebenswürdiges Lächeln verstärken Ihre sympathische Ausstrahlung immens.

Warum ist der Blickkontakt wichtig?

Der Blickkontakt ist Ihr wichtigstes Ausdrucksmittel überhaupt. Über die Augen baut sich eine emotionale Brücke zum Partner und zur Partnerin auf. Ohne Augenkontakt keine Beziehung, ohne Beziehung kein Zuhören, und ohne Zuhören ist jede Schlagfertigkeit ein wirkungsloses Hallen im Raum.

Versetzen Sie sich bitte in folgende Situation, die Sie vielleicht so oder ähnlich schon einmal auf einer Party erlebt haben:
Sie werden Frau Striet vorgestellt. Frau Striets zögerlicher Blick erinnert Sie an eine ungerechte Lehrerin aus Ihrer Schulzeit, und Frau Striet sieht auch fast so aus. Zwar paßt das markante Kinn und die lange Nase nicht, aber trotzdem steigt in Ihnen alter Groll auf. Sie verkrampfen etwas und haben es schwer mit der üblichen Konversation. Die Dame hat irgendwie eine unfaire Ausstrahlung. Glücklicherweise bricht das Gespräch bald ab.

Dann stellt sich Ihnen Christine vor. Christine erinnert Sie an eine gute Freundin. Sie wissen auch nicht so recht wieso, aber Christine hat freundliche Augen und gleicht Ihrer Freundin irgendwie. Christine hat ähnlich hübsche Gesichtszüge, die durch das Haar einfach hinreißend aussehen. Christines Stimme klingt angenehm und vertraut. Schon Christines Händedruck berührt Erinnerungen an wunderbare Zeiten. Mit Christine ergibt sich ein gefühlvolles Thema nach dem anderen. Sie fühlen sich wohl, während der Abend verfliegt.

Es ist eine automatische Reaktion: Menschen (Frau Striet und Christine) werden im Horizont der eigenen Erfahrungen beurteilt. Weil im Erstkontakt kaum gemeinsame Erfahrungen gemacht wurden, wird auf wenigen Reize die gemeinsame Beziehung ausgebaut.

Da wir den ersten Kontakt meist über die Augen aufnehmen, wirkt ein offener und freundlicher Blick sehr positiv auf die Beziehung. Alle unsere Sinne suchen dann nach passenden Ereignissen in der Vergangenheit, um den Menschen positiv einordnen zu können.

Werden unangenehme Gedanken durch die Begegnung geweckt (Frau Striet), wird sie uninteressiert und distanziert verlaufen, und der Kontakt wird zügig abgebrochen.

Sind es dagegen glückliche Gedanken und Gefühle, die ein Mensch bei Ihnen auslöst (Christine), werden Sie interessiert Ihre Ohren spitzen, lächeln, Nähe suchen und Verständnis zeigen. Sie werden Blickkontakt halten, sich an der sympathischen Erscheinung weiden, höflich, liebevoll und zuvorkommend sein.

Um schlagfertig zu sein, brauchen Sie Blickkontakt, um sensibel wahrzunehmen, wie die Worte auf den Partner wirken. Wer ein wachsames Auge auf sein Gegenüber einrichtet, kann leicht sein schlagfertiges Verhalten auf den anderen abstimmen.

Tips und Regeln für Gespräch und Rede

Wir unterscheiden den Blickkontakt im Monolog (Rede) von dem Blickkontakt im Dialog (Gespräch, Verhandlung, Diskussion).

Blickkontakt im Monolog

Schauen Sie Ihr Publikum gleichmäßig an. Lassen Sie den Blick langsam schweifen, und halten Sie Kontakt in Augenhöhe. Bei kleinen Gruppen schauen Sie den einzelnen Zuhörern in die Augen. Ist das Auditorium groß, bewegen Sie den Kopf gleichmäßig und ruhig innerhalb des gesamten Blickwinkels, damit Sie alle Zuhörer gleich anschauen können.
Vier Ausnahmen von dieser Regel:

- Durch die bauliche Gestaltung des Raumes oder die Sitzordnung kann gleichzeitiger Augenkontakt zu allen Zuhörerinnen und Zuhörern erschwert oder unmöglich sein. Günstig ist es dann, sich häufiger zu bewegen. Dadurch werden Sie besser gesehen und sehen besser. Sorgen Sie in diesen Fällen für ein mobiles Mikrofon, um mehr Bewegungsfreiheit zu genießen.
- Wenn Sie während des Vortrages unsicher werden oder den Faden verlieren, sollten Sie bevorzugt Augenkontakt zu Freunden im Saal aufnehmen. Dadurch sind Sie in Kontakt mit vertrauten Menschen, die Ihnen zunicken und Sie anlächeln. Diese Sympathie aus dem Publikum schenkt Ihnen wohltuende Sicherheit.
  Falls keine Freunde oder Bekannte mitgebracht werden können, schaut man bevorzugt diejenigen Zuhörer an, die einen anlächeln, anblicken oder wohlwollend zunicken. Diese werden den Redner unterstützen, denn er ist ihnen wahrscheinlich von Natur aus sympathisch und genießt (deshalb) auch ihre inhaltliche Zustimmung.
- Wenn Fragen oder Einwände behandelt werden, ist bevorzugt Blickkontakt zu der jeweiligen Person zu halten, weil es in erster Linie um das Anliegen des Fragestellers oder des Einwenders geht.

Trotzdem sollte das Publikum im Auge behalten werden. Denn nur durch die Reaktion der Zuhörerinnen und Zuhörer ist zu sehen, ob die Antworten auch für die anderen Zuhörer interessant sind. Stimmen Sie die Länge Ihrer Stellungnahmen auf das Interesse der Zuhörer ab!
Der Blickkontakt sollte nach der Antwort vom Frager oder Einwender weggenommen werden und wieder ins Publikum gehen. Damit signalisieren Sie zusätzlich körpersprachlich, daß Sie mit der Antwort oder der Einwandbehandlung fertig sind.

- Es gibt Störer im Raum. Oft stören Menschen, die sich nicht hinreichend beachtet oder akzeptiert fühlen. Durch den Blickkontakt konzentriert sich Ihre Aufmerksamkeit auf die Störer. Arbeiten Sie, solange es Ihnen möglich ist, mit dem Blickkontakt, bevor Sie stärkere Waffen im Umgang mit den Störern einsetzen. Denn häufig sind hier Verhaltensweisen viel zu hart, wirken so unverhältnismäßig und stoßen auch auf Unverständnis bei den Beobachtern. Dieses wichtige Thema kann in unserem Zusammenhang nur kurz behandelt werden.[2]

Blickkontakt im Dialog

Während Sie sprechen, sollten Sie vorzugsweise in die Augen des Gegenübers schauen, indem Sie abwechselnd in das linke und das rechte Auge blicken.
Wer spricht und währenddessen Blickkontakt hält, drückt der Situation wesentlich seinen Stempel auf. Denn es wird inhaltlich durch das Gesagte geführt und zusätzlich körpersprachlich durch den Augenkontakt.
Falls der Gesprächspartner sich dominiert fühlt und eingeschüchtert wirkt, sollte nach Gefühl der Blick kurz zur Seite weggenommen und langsamer gesprochen werden. Dadurch löst sich spürbar der Druck für den Gesprächspartner.
Sind Sie in der Rolle des Zuhörers oder der Zuhörerin, schauen Sie in die Augen des anderen. Ist die Entfernung zum anderen

---

[2] Vergleichen Sie deshalb: Der Umgang mit Störern, in: Schlagfertig sein in Rede und Verhandlung, S. 48 - 64.

kleiner als 2 Meter, schauen Sie die beiden Augen abwechselnd an. Ist die Distanz größer als 2 Meter, blicken Sie auf den Kopf des Partners.
Achtung: Viele Menschen halten Blickkontakt auf die Nasenwurzel. Dieser Blick verunsichert selbst auf größere Distanz. Denn egal, in welches Auge der andere schaut, er sieht immer an Ihrem Blick vorbei. Ihr Gegenüber fühlt sich angesehen, kann aber den Blickkontakt nicht erwidern. Um das Gespräch in einer angenehmen Atmosphäre stattfinden zu lassen, halten Sie Blickkontakt abwechselnd ins linke und rechte Auge des Partners.

Wie kann die Wirkung gestaltet werden?

Es gibt Situationen, in denen der Blickkontakt schwer zu halten ist. So zum Beispiel:

- wenn wir uns unterlegen oder unsicher fühlen;
- wenn wir das Gesprächsangebot uninteressant finden;
- wenn wir unter- oder überfordert sind;
- wenn wir uns fremd fühlen;
- wenn unsere Distanzzonen nicht eingehalten werden;
- wenn wir es mit unangenehmen Partnern zu tun haben;
- wenn wir unseren Namen sagen;
- wenn wir lügen, bitten oder nachdenken.

Damit sind ebenfalls die Situationen benannt, in denen sich der Augenkontakt trainieren läßt.

Setzen Sie den Blickkontakt kombiniert mit einer positiven Mimik ein. Damit gewinnen Sie eine deutlich sympathischere Ausstrahlung.
Gehen Sie kurzzeitig aus dem Kontakt heraus, und schauen Sie zur Seite, wenn Sie das Gefühl haben, den Partner unter Druck zu setzen oder selbst unter Druck gesetzt zu werden. Bleiben Sie so lange im Augenkontakt, wie Sie sich dabei wohl fühlen.

5. Wirkungsmittel: Outfit

Zum Outfit gehören die Kleidung, die Kosmetik, die Accessoires (z. B. Tasche, Uhr, Zigarettenetui, Feuerzeug, Brille, Schreibgerät) sowie die Frisur und der Schmuck.

Es nimmt in der Schlagfertigkeit unter den Wirkungsmitteln eine Sonderrolle ein, denn es beeinflußt zwar die Ausstrahlung eines Menschen, aber ihm fehlt die spontane Gestaltbarkeit der anderen Wirkungsmittel. Mit allen anderen Wirkungsmitteln können Sie auf Einwände und Angriffe spontan reagieren, die Kleidung dagegen bleibt von verbalen Attacken des Gegners unberührt. In der Regel ist es unmöglich, sich für eine Einwandbehandlung mal eben umzuziehen.

Trotzdem ist das Outfit für die Schlagfertigkeit wichtig, weil es die Rolle, die man zu spielen bereit ist, unterstreicht. Über die Kleidung wird gezeigt, welcher Gruppe oder welchem Lebensstil man sich zugehörig fühlt. Beispielsweise kann sie typisch für ein Unternehmen sein (Kleidungsvorschriften), berufsspezifisch (Polizei, Feuerwehr, Militär) oder geschlechtsspezifisch.

Kleiden Sie sich den herrschenden Gruppennormen entsprechend, werden Sie es leicht haben, in der Gruppe unterzutauchen. Kleiden Sie sich etwas abseits der Norm, bekleiden Sie oft eine Sonderrolle (Führungsrolle, Gruppenclown, Prügelknabe). Brechen Sie durch Ihre Kleidung die Normen der Gruppe, werden Sie abgelehnt oder ziehen sogar die Aggressionen der Gruppe auf sich.

Für die Schlagfertigkeit ist weder das einfallslose Mitschwimmen noch das Aggression auslösende Verhalten günstig. Am leichtesten fallen schlagfertige Formulierungen, wenn Sie eine Sonderrolle einnehmen, die von den anderen Gruppenmitgliedern akzeptiert werden kann. Deshalb wollen wir Ihnen einige Empfehlungen geben, wie Ihr Outfit schlagfertige Äußerungen unterstützen kann:

- Orientieren Sie sich an den Erwartungen und Vorurteilen Ihrer Zuhörer, damit Sie keine unnötigen Provokationen auf sich ziehen. Der Veranstalter oder Gastgeber gibt in der Regel gerne

Auskunft darüber, ob eine bzw. welche Kleiderordnung herrscht.

- Sollten Sie eine Rede oder einen Vortrag halten, kleiden Sie sich etwas besser als der erwartete Durchschnitt der Zuhörer. Dadurch können Sie Ihre Autorität unterstreichen und werden selten inadäquat gekleidet sein.
- Fühlen Sie sich in Ihrer Kleidung wohl. Man sieht Ihnen an, ob Sie sich in Ihrer Kleidung wohl fühlen. Sollten Sie beispielsweise zu einem offiziellen Anlaß Kleidung tragen müssen, die ungewohnt ist, tragen Sie die Stücke vorher zu anderen Gelegenheiten, damit Sie sich an das Gefühl gewöhnen.
- Verlassen Sie sich auf Ihr Gefühl und nur in Ausnahmefällen auf den Geschmack Ihnen nahestehender Menschen. Gut gemeint schließen diese netten Berater oder Beraterinnen meist von sich auf andere.

Menschen, die viel im Rampenlicht stehen, sollten etwas Zeit und Geld in eine qualifizierte Farbberatung investieren. Dies ist immer dann besonders vorteilhaft, wenn größere Ausgaben für Kleidung anstehen.

6. Wirkungsmittel: Sprache

Was gehört zum Wirkungsmittel Sprache?

Beim Wirkungsmittel Sprache konzentrieren wir unsere Aufmerksamkeit auf das „Was" und das „Wie" des Sprechens.

Über die Sprechgeschwindigkeit (langsam-schnell), die Lautstärke (laut-leise) und die Klangfarbe (hoch-tief) läßt sich das gesprochene Wort unterschiedlich betonen. Darüber nehmen wir zum Beispiel wahr, ob jemand engagiert oder gleichgültig wirkt. Die Sprache eines Menschen kann aus einem großen oder einem eingeschränkten Wortschatz schöpfen.

Dialekt oder Hochdeutsch, flüssig oder stockend - alles Ausdrucksformen, die zum Wirkungsmittel Sprache gehören.

Warum ist die Sprache wichtig?

Die Schlagfertigkeit lebt vom Spiel mit der Sprache. Spontan mit Sprache spielen können bedeutet, schlagfertig zu sein. Schlagfertigkeit ist keine kommunikative Axt, die Wunden schlagen soll, sondern ein Ball, der aufgenommen wird, um mit ihm einige Augenblicke zu spielen und ihn dann ins Spiel zurückzugeben. Der Umgang mit Sprache wird besonders spielerisch durch:

- **Einen großen Wortschatz**
  Durch eine abwechslungsreiche Sprache liegen überraschende Reaktionen schon in der Luft. Es riecht geradezu nach Schlagfertigkeit und Wortwitz.

- **Einen schnellen Zugriff auf Worte**
  Viele Menschen sagen von sich, daß ihnen die passenden Formulierungen zwar einfallen, aber leider viel zu spät. Wer sich erst mühsam einen Satz zurechtbasteln muß, an dem rauscht der Zug der Schlagfertigkeit meist in voller Fahrt vorbei. Deshalb ist es wichtig, den spontanen Zugriff auf Wörter zu trainieren. Dieses Buch enthält ein Trainingsprogramm, durch das Sie die Zugriffsgeschwindigkeit auf Ihren aktiven Wortschatz erhöhen können.

- **Ein paar kommunikative Techniken**
  Häufig ist die Vorstellung einer schlagfertigen Äußerung vorhanden, aber es fehlt an einer Strategie, sie in Worte zu kleiden. Die Techniken der Schlagfertigkeit helfen Ihnen, die geeigneten Worte auch spontan zu Gehör zu bringen.

- **Kreatives Denken**
  Die Seele der Schlagfertigkeit liegt in der spontanen und ungewöhnlichen Verknüpfung von Wörtern. Deshalb erfordert Schlagfertigkeit kreatives Denken. Durch das angefügte Trainingsprogramm werden Wege zu kreativen Formulierungen aufgezeigt. Das ermöglicht auch in Streßsituationen mehr Spontanität.

- **Die Fähigkeit, sich nicht treffen zu lassen**
  In Einwandsituationen fühlen sich Menschen oft persönlich getroffen. Sie stehen unter starkem Leistungsdruck, der vielfach unfähig macht, schlagfertig zu reagieren. Dabei wird häufig außer acht gelassen:

Ein Angreifer sagt durch seinen Angriff viel mehr über sich und seine Art, die Welt wahrzunehmen und zu bewerten, als über Sie und Ihre Leistungen.

Eine sachliche Reaktion ist nicht nur möglich, sondern oft das einzig Richtige. Mit einer kurzen und sachlichen Argumentation kommen Sie bei Angriffen oft weiter als mit Reaktionen auf dem Niveau des Angreifers.

Tips und Regeln für Gespräch und Rede

- **Stellen Sie sich sprachlich auf den Partner ein.**
  Orientieren Sie Betonung, Wortwahl und Sprachniveau am Partner, und wählen Sie gerade für den Gesprächseinstieg Themen aus, über die der andere gerne spricht. Rücken Sie seine Erfolge, seine Leistungen und seine Stärken in den Mittelpunkt des Gespräches. Hier liegt einer der Tricks beim 'small talk': Ermöglichen Sie dem Gesprächspartner ein Verhalten, bei dem er sich wohl und angenommen fühlt.
  Mit diesem Verhalten bauen Sie eine positive Grundstimmung auf, eine hervorragende Basis für schlagfertige Reaktionen. Schlagfertigkeit ist nichts anderes als spielerische Stilbrüche, die dem Partner überraschend zugeworfen werden. Witz und Humor entsteht durch die überraschende Pointe.

- **Erst denken, dann sprechen.**
  Dieser Grundsatz hört sich recht provokant an. Er trifft jedoch ins Schwarze. Viele Menschen neigen gerade in Gruppen dazu, wenn sie einmal das Wort haben, deutlich mehr zu sagen,

als sie ursprünglich beabsichtigten. Meist ist das Mehr an Worten nicht so gut durchdacht und verwässert den strukturierten ersten Eindruck. Das ist für den Vortragenden nachteilig. Deshalb formulieren Sie kurz, prägnant, präzise. Das spart Zeit und steigert Aufmerksamkeit. Behalten Sie immer, wenn Schlagfertigkeit gefragt ist, einen kühlen Kopf.

- **Verwenden Sie einprägsame Strukturen.**
  Wir alle kennen Situationen, in denen uns unter Belastung nichts Brauchbares einfällt. Später, wenn wir dann zur Ruhe gekommen sind, gibt sich in unserem Kopf eine zündende Schlüsselidee nach der anderen die Klinke in die Hand. Mitunter scheitern kluge Stellungnahmen aus dem Stegreif nicht am mangelnden Fachwissen, sondern an lückenhafter oder nicht vorhandener Strukturierung.
  Für kurze Wortbeiträge eignet sich beispielsweise die Argumentation mit Fünf-Satz-Strukturen. Längere Reden und Vorträge lassen sich mit anderen Gliederungen strukturieren (Redekonzept). Damit bringen Sie dem Zuhörer einen Wust von Information in kleinen appetitlichen Häppchen, die er verstehen kann und die dadurch überzeugen können. Für schlagfertige Reaktionen auf Einwände und Angriffe bieten sich die Techniken an, die im Kapitel II dieses Buches vorgestellt werden.

Wie kann die Wirkung gestaltet werden?

- **Trainieren Sie Ihren aktiven Wortschatz.**
  Wer nur wenige Wörter zur Verfügung hat, muß in den meisten Fällen zwangsläufig auf schlagfertige Äußerungen verzichten. Entweder sind die Wörter nicht bekannt, oder die Zeit der Suche ist so lange, daß der gefundene Beitrag längst veraltet sind. Verfügen Sie hingegen über viele Wörter, um eine Situation farbig und plastisch zu beschreiben, ein Gefühl herzzerreißend, einfühlsam oder schmeichelnd zu äußern oder eine Meinung überzeugend vorzutragen, fällt es leicht, Ihre Worte in ange-

messener Weise zu Gehör zu bringen.
Einige unter den Lesern werden fragen, wie der aktive Wortschatz erweitert werden kann. Hierzu hält das „DAHMS-Erfolgsprogramm zur Schlagfertigkeit" als Teil dieses Buches viele Trainingsmöglichkeiten für Sie bereit.

- **Trainieren Sie Ihre Artikulation.**
  Als sehr effektives Training hat sich das laute Lesen erwiesen. Stimmungsvolle Texte eignen sich besonders gut. Sprechen Sie wenige Zeilen zum Beispiel auf Band, und kontrollieren Sie sofort. Mit einigem Training entwickeln Sie ein Gefühl für den Klang Ihrer Sprache und können so Ihre Artikulation bewußt steuern.
  Wollen Sie intensiv an Ihrer Artikulation arbeiten, hemmen Sie Ihre Sprechwerkzeuge durch einen Korken zwischen den Zähnen. Seien Sie jedoch weiterhin um eine korrekte und verständliche Aussprache bemüht. Entfernen Sie nach kurzer Zeit den Korken, und sprechen Sie die gleiche Passage nochmals. Sie werden feststellen, daß Sie deutlicher sprechen. Diese Korkenübung sollte max. drei bis fünf Minuten am Stück trainiert werden, weil sie für die Sprechwerkzeuge besonders anstrengend ist.
  Deshalb ist es auch besonders wichtig, nach der Übung die Zunge und den Gaumenbereich zu entspannen. Fahren Sie mit der Zunge öfters den Raum zwischen Zähnen und Ober- bzw. Unterlippe ab. Atmen Sie kräftig durch den Mund aus, während Sie ihn locker geschlossen halten.

Beim Training der Wirkungsmittel ist das Feedback von Beobachtern besonders wichtig. Fordern Sie Freunde und Bekannte auf, Ihnen Feedback zu geben, denn häufig sind Menschen mit einer guten Beobachtungsgabe ausgestattet, sprechen aber nicht darüber. Sorgen Sie für eine konstruktive Atmosphäre, in der Rückmeldungen zur Normalität gehören.
Geben Sie selbst unaufgefordert Feedback auf positive Verhaltensweisen. Dieses Verhalten motiviert Ihre Umgebung und

reizt zur Nachahmung. Suchen Sie Gruppen auf, in denen eine entsprechende Einstellung zu Feedback gepflegt wird, wo Menschen zusammentreffen, die alle an einer konstruktiven Feedback- und Kritikkultur interessiert sind und sich in der Gemeinschaft mit Gleichgesinnten weiterentwickeln wollen.

Kapitel II

Die Techniken der Schlagfertigkeit

1) Die Pausentechnik

Sie sollten immer dann Pausen machen können, wenn Sie mit Schweigen mehr erreichen als mit Reden.

Schon der Volksmund versilbert das Reden, während er das Schweigen vergoldet. Diskretion ist nicht nur am Bankschalter eine begrüßenswerte Gepflogenheit. Wenn Menschen an den passenden Stellen schweigen können, macht sie diese Fähigkeit weise und vertrauenswürdig.
Sie werden sich trotzdem fragen, wo die Verbindung zwischen Schweigen und Schlagfertigkeit zu suchen ist. Wir definierten eingangs Schlagfertigkeit als die Kunst, jederzeit die angemessenen Worte zu finden. Sie kennen vielleicht Situationen, in denen Sie sich selber gesagt haben, daß es besser gewesen wäre, den Mund zu halten. Freunde, Bekannte oder Sie selber haben sich vielleicht mal fast um Kopf und Kragen geredet. Zumindest hier wäre Schweigen schlagfertiger als jedes Wort gewesen.
Wer billig Effekte mit unpassenden Worten erhascht, zahlt im Ergebnis meist drauf. Wer Geschwätzigkeit mit Schlagfertigkeit verwechselt, ist noch nicht bereit für die magischen Wirkungen dieser Kunst.

Wie wird's gemacht?

Die Pausentechnik hat in der Schlagfertigkeit den Sinn, den Partner zum Sprechen anzuregen. Halten Sie deshalb Blickkontakt zum Partner, während Sie schweigen. Mit diesem Verhalten signalisieren Sie, daß Sie weiterhin Informationen vom Partner erwarten. Sollte der Partner nach einigen Sekunden nicht weitersprechen, öffnen Sie die Augen etwas mehr als normalerweise und nicken dem Gesprächspartner aufmunternd zu.
Ziele beim Einsatz der Pausentechnik sind beispielsweise:

- Sie bekommen mehr Informationen vom Partner und gewinnen Zeit zum Nachdenken.
- Sie wirken durch die Pausentechnik sehr gelassen.

- Ihre Formulierungsschwierigkeiten werden geringer, wenn weniger Wörter pro Zeiteinheit gesendet werden.
- Sie verschaffen dem Gesprächspartner einen größeren Gestaltungsspielraum, um dadurch die Beziehung zum Partner zu verbessern.
- Sie nehmen Spannung aus einer konfliktträchtigen Situation heraus.
- Durch Pausen vermeiden Sie eigene Stellungnahmen oder zögern Sie hinaus.
- Wenn Sie Pausen machen, verbessert sich automatisch Ihre Atmung, und Sie werden sicherer.

Beispiel

Es ist schwierig, die Pausentechnik in einem Text beispielhaft darzustellen. Um Sie dennoch mit dem Vorgehen vertraut zu machen, lernen Sie zwei Menschen kennen, die unter anderen Namen auch in Ihrer sozialen Umwelt zu finden sein werden. Auf der einen Seite handelt es sich um Herrn G. Brüll und auf der anderen um Frau G. Bildet. Herr G. Brüll ist Vorgesetzter der Versandleiterin Frau G. Bildet. Gelegentlich belasten lautstarke Aufritte von G. Brüll die Beziehung. So auch in der folgenden Situation:

G. Brüll ist durch einen unangenehmen Anruf eines wichtigen Kunden auf hundert und durchbricht in wenigen Momenten die Schallmauer. G. Brüll fährt Frau G. Bildet lautstark an: „Warum ist die Lieferung schon wieder unvollständig?“ Frau G. Bildet wird aus einigen Routinearbeiten aufgeschreckt. G. Brüll mit lauter Stimme: „G. Bildet, Sie sind unzuverlässig. Schon wieder ist Ihre Sendung fehlerhaft.“ Nach diesem Angriff erwartet G. Brüll eine demütige, hilflose Verteidigung von G. Bildet, bei der sie sich entschuldigt oder rechtfertigt. Doch G. Bildet reagiert unerwartet. Sie setzt die Pausentechnik ein und schaut G. Brüll nur fragend an. G. Bildet drückt dadurch aus: „Erzähl weiter! Gib mir mehr Informationen!“ G. Brüll glaubt, daß er von G. Bildet nicht verstanden worden sei und spricht weiter. G. Brüll etwas zögerlicher: „Frau Bildet, einer unserer Großkunden hat mich gerade vor fünf Minuten angerufen. [kleine Pause und ein interessiertes Nicken von G. Bildet] Er beschwerte sich darüber, daß die Stückzahl bei der Lieferung von letzter Woche nicht gestimmt hat. [wieder kleine Pause] Wie kann so etwas in Ihrer Abteilung immer wieder passieren?“

Entscheiden Sie selbst. Wer steuert wen? Die Pausentechnik ist im Umgang mit Herrn G. Brüll eine sehr effiziente Verhaltensweise. Frau G. Bildet wirkt in dieser Situation sicher, selbstbewußt und souverän. Sie kontrolliert die Situation und G. Brüll durch Pauseneinsatz und nutzt alle Vorteile, die wir oben beschrieben haben.

Auf dieser Basis wird Frau G. Bildet jetzt lösungsorientiert tätig. Sie läßt sich vielleicht die Versandpapiere bringen und fährt dann folgendermaßen fort:

Sie fragt G. Brüll in normalem Umgangston: „Um wieviel wich die Stückzahl von der angegebenen Menge ab?“ G. Brüll antwortet: „Es war eine Lieferung von 6500 Stück vereinbart, und Sie haben nur 6493 Stück auf den Weg gebracht.“ Frau G. Bildet bezieht ihren Vorgesetzten in die Lösung des Problems mit ein: „Was schlagen Sie vor? Wie sollen wir das wieder hinbiegen?“ Herr G. Brüll: „Ich habe dem Kunden gesagt, daß er die Teile bis übermorgen auf unsere Kosten bekommt. Vielleicht sollten Sie selber mit dem Kunden Kontakt aufnehmen.“

Frau G. Bildet nimmt den Vorschlag an und informiert ihren Chef dann kurz über das Ergebnis. Das Problem ist gelöst, und die Versandleiterin konnte ihre Nerven schonen.

Vorteile der Pausentechnik

Durch Pausentechnik erfahren Sie viel, ohne Ihre Nase in des Nachbarn Angelegenheiten zu vergraben, - diskret, zurückhaltend und angenehm für alle Beteiligte, weil von kurzen (!) Schweige-

phasen wenig Dominanz ausgeht. Denn bei der Pausentechnik entscheidet immer der Partner, ob er Ihnen noch weitere Informationen geben will.
Wer schweigt und Blickkontakt hält, signalisiert große Aufmerksamkeit für die Worte des Gegenübers. Die gesamte Konzentrationsfähigkeit wird dem Partner gewidmet, und er steht im Mittelpunkt der Gesprächssituation.
Nutzen Sie Ihr eigenes Schweigen, um den Gedankengang des Gesprächspartner nachzuvollziehen. Bauen Sie Ihre eigenen Stellungnahmen auf diesem Fundament auf. Sie werden sich den Ruf eines guten Zuhörers oder einer guten Zuhörerin erwerben. Dieser Ruf ist selten, und es lohnt sich, daran zu arbeiten.
Gerade in sehr spannungsgeladenen Situationen wirken Pausen oft Wunder. Wenn die Emotionen hoch schlagen, bringt eine Pause oft wohltuende Ruhe. In der Stille wird klar, was durch Getöse oft verschleiert wird.

Gefahren der Pausentechnik

Schweigen ist ein nach außen sehr passiv wirkendes Verhalten. Wer passiv wirkt, bekommt leicht das Etikett aufgeklebt, träge, schwerfällig und unbeteiligt zu sein, selbst, wenn der Schweiger wachsam das Geschehen verfolgt.
Von unangemessen langen Pausen bei Vorwürfen, Angriffen oder Rechtfertigungen geht ein erheblicher Druck aus. Dieser Druck kann durch gleichzeitig fixierenden Blickkontakt noch verstärkt werden. Ist Ihre Pause zu lange, zwingen Sie Ihren Partner zu vielleicht ungewollten Stellungnahmen. Darunter leidet die Beziehung. Häuft sich ein derartiges „aus der Reserve locken“ über Pausentechnik, kann es zum Abbruch der Beziehung kommen.

Erfahrungen aus der Praxis

Wenn Sie diese Technik einsetzen, gilt der Grundsatz: Alles in Maßen. Denn sonst kann peinliches Schweigen entstehen, und diese Gesprächsatmosphäre färbt auf Sie ab. Als Faustregel sollten circa zwei bis drei Sekunden Pause ausreichen. Ist das

Gegenüber trotz Zunicken und zustimmendem Urlaut in Form eines auffordernden „mmmhs“ dann immer noch stumm wie ein Stockfisch, sprechen Sie eben selber.
Während der Pausen achten Sie auch auf stimmige und sichere Körpersprache. Die gesamte Breite der rhetorischen Ausdrucksmittel kommt zum Einsatz. Fehlt der Blickkontakt, entsteht oft der Eindruck von verlegenem oder nachdenklichem Schweigen. Blikken Sie deshalb unbedingt in die Augen Ihres Gegenübers, dann gewinnt die Pausentechnik hohen Aufforderungscharakter.
Die Pausentechnik läßt sich auch zur Gesprächs- oder Diskussionssteuerung nutzen. Zunächst setzen Sie mehrere Wirkungsmittel kombiniert ein, damit die Wirkung der Worterteilung verstärkt wird. Weisen Sie mit einer deutlichen Geste auf den Diskussionsteilnehmer, dem Sie das Wort erteilen, halten dabei Blickkontakt, und sagen Sie: „Bitte, Herr Mitteilsam.“ Später bauen Sie dann nach und nach die Gesten und die verbale Einleitung ab, so daß nur der schweigende Blickkontakt ausreicht, um die Wortbeiträge zu steuern.

Trainieren Sie selbst!

Trainieren Sie, bei Fragen oder Aussagen des Gesprächspartners Blickkontakt zu halten, ohne etwas zu sagen. Achten Sie darauf, wie auf Ihr Verhalten körpersprachlich reagiert wird.
Bevorzugen Sie zunächst Trainingssituationen mit Freunden oder Bekannten. Verändern Sie erst, wenn Sie in diesem privaten Umfeld Erfahrungen gesammelt haben, Ihr berufliches Kommunikationsverhalten. Meist sind Freunde und Bekannte toleranter gegenüber Verhaltensänderungen als Vorgesetzte oder Menschen, die sich schon ausmalen, auf Ihrem Stuhl zu sitzen.

2) Die Fragetechniken

In diesem Kapitel lernen Sie, verschiedene Fragetypen zielgerichtet einzusetzen. Auf Einwände und Angriffe können Sie mit diesen Techniken reagieren und Gespräche lenken.

Fragen und Antworten gehören zu unserem ganz alltäglichen Gesprächsverhalten. Wir haben alle einen reichen Erfahrungsschatz im Umgang mit Fragetechniken angesammelt. Als Fragende und Antwortende sind wir mit ihnen wohl vertraut und an sie gewöhnt. Diese Gewöhnung geht so weit, daß Menschen auf Fragen automatisch antworten, ohne sich vorher zu überlegen, ob sie dies überhaupt wollen.
Häufig wird dieses Verhalten schon sehr früh in der Kindheit angelegt. Viele von uns kennen Sätze wie: „Man muß Fragen beantworten.“ oder „Du hast zu antworten, wenn Erwachsene Dich etwas fragen.“ Wir wurden beim Antworten gelobt und wurden getadelt, wenn wir trotzig eine Antwort verweigerten. Und deshalb geraten Menschen auch noch als Erwachsene unter Druck, wenn ihnen eine Frage gestellt wird. Die Annahme: „Das macht den anderen zum Wolf, wenn ich jetzt nicht antworte.“ läßt Menschen lammfromm antworten. Lösen Sie sich von dieser Vorstellung! Halten Sie inne, wenn Ihnen eine Frage gestellt wird. Entscheiden Sie, ob Sie antworten wollen und in welcher Form.

Wie wird's gemacht?

Die Fragetypen sind entweder schon bekannt oder leicht erlernbar. Der spontane und schlagfertige Einsatz erfordert dagegen etwas Training. Damit Sie die richtige Frage zur rechten Zeit stellen, beantworten Sie sich zunächst folgende Fragen, bevor Sie Ihrem Gesprächspartner eine Frage stellen:

- Was sind meine Gesprächsziele?
- Was soll beim Gesprächspartner bewirkt werden?
- Welcher Fragetyp ist geeignet?
- Wann soll die Frage gestellt werden?

Mit etwas Übung können Sie diese Checkliste sehr schnell geistig durchgehen und die geeignete Frage stellen.

Die Fragetechniken werden häufig mit folgenden Zielsetzungen angewendet:

- In erster Linie werden Fragen gestellt, um partner- oder sachbezogene Informationen zu gewinnen.
  Beispiel: „Wie heißen Sie?"
  „Welche Einstellung haben Sie dazu?"
- Außerdem läßt sich über geschickte Fragen Zeit gewinnen. Lassen Sie das Gegenüber nachdenken, dann haben Sie Zeit, das gleiche zu tun.
  Beispiel: „Welche anderen Problemlösungen schlagen Sie vor?"
- Fragen sind ein hervorragendes Instrument zur Steuerung von Gesprächen. Der richtige Fragetyp an der passenden Stelle lenkt die Gedanken des Gesprächspartners in die gewünschte Richtung.
  Beispiel: „Wie lautet der nächste Punkt auf der Tagesordnung?"
- Mit Fragen können Sie Einwände und Angriffe behandeln. Werfen Sie den Angriff durch eine passende Frage auf den Angreifer zurück. Durch entsprechende Fragen wird der andere für die Antwort verantwortlich oder mitverantwortlich.
  Beispiel: „Können Sie noch mehr Informationen liefern?"
  „Haben Sie einen eigenen Lösungsvorschlag im Sinn?"

Beispiele

Wir werden nun die Fragetypen darstellen und spezifische Vor- und Nachteile nennen. Die unterschiedlichen Fragen überschneiden sich, weil sich die gewählten Unterscheidungskriterien nicht gegenseitig ausschließen.

Fragetyp: Offene Frage („W-Frage")

Beispiele:

- „Wann willst Du mich heiraten?"
- „Warum liebst Du mich?"

Die offenen Fragen sind diejenigen, bei denen das Fragewort mit einem „W" beginnt. Der Gefragte antwortet in einem ganzen Satz. Dieser Fragetyp eröffnet dem Gesprächspartner großen Spielraum bei seiner Antwort, daher ist der Steuerungs- und Dominanzcharakter dieses Fragetyps verhältnismäßig klein. Sie bekommen viele Informationen und brauchen deshalb viel Zeit, um die brauchbaren von den unbrauchbaren zu trennen.
Dieser Fragetyp kann unterstellend auf den Partner wirken. Nehmen wir eine unserer Beispielfragen: „Wann willst Du mich heiraten?" Die Aufmerksamkeit wird auf den Zeitpunkt der Heirat gelenkt. Von der damit unterstellten Heiratsabsicht wird abgelenkt. Wenn Sie Ihrem Gesprächspartner eine Voraussetzung unterstellen wollen, setzen Sie diesen Fragetyp ein.

Fragetyp: Geschlossene Frage

Beispiele:

- „Möchtest Du mich heiraten?"
- „Liebst Du mich?"

Auf die geschlossenen Fragen wird mit „ja" oder „nein" geantwortet. Sie beginnen immer mit einem Verb.
Hier wird vom Antwortenden eine Entscheidung gefordert. Damit engt die geschlossene Frage die Antwortmöglichkeiten erheblich ein. Es werden keine Hintergrundinformationen ausgetauscht. Bei geschicktem Einsatz können Sie enorm Zeit sparen. Sie setzen sich dafür jedoch der Gefahr aus, den Gesprächspartner stark zu steuern.

Fragetyp: Suggestivfrage

Beispiele:	
	• „Bist Du auch der Ansicht, daß wir heiraten sollten?“
	• „Fühlst Du auch, daß wir uns sehr lieben?“

Die Suggestivfrage ist eine Frageform, bei der die erwartete Antwort in der Frage zu erkennen ist.

Alle Anmerkungen zum Fragetyp „geschlossene Frage“ sind auch hier gültig. Zusätzlich sei hier auf den stark bevormundenden Charakter der Suggestivfrage hingewiesen. Menschen lassen sich nur sehr ungern etwas in dieser Form unterstellen. Dieser Fragetyp belastet die Beziehungsebene, weil der Fragende besonders dominant ist. Es besteht die Gefahr, daß der Befragte die Frage zwar im Sinne des Fragenden beantwortet, aber die Vereinbarung nicht einhält.

Mit Suggestivfragen legen Sie offen, welche Position Sie selber vertreten. Die Frage: „Bist Du auch der Ansicht, daß wir beide heiraten sollten?“ zeigt, daß der Fragende heiraten möchte. Dieses Offenlegen der eigenen Position sollte nur bewußt erfolgen.

Setzen Sie die Suggestivfrage nur ein, wenn Sie die schwerwiegenden Nachteile in Kauf nehmen können. Es ist immer ein schlechtes Geschäft, sich auf Kosten der Beziehungsebene inhaltlich durchzusetzen. Diese Grundregel gilt nicht nur für die Anwendung der Suggestivfrage, sondern weit darüber hinaus für das gesamte kommunikative Verhalten. Beziehungspflege hat vielfach Vorrang vor sachlichen Erwägungen. Manipulation hat sich noch nie ausgezahlt, schon gar nicht für den Manipulateur.

Sollen Sie auf eine Suggestivfrage antworten, können Sie den Fragenden auf den bevormundenden Charakter des Vorgehens und auf die Folgen aufmerksam machen. Damit gehen Sie auf eine Metaebene und entlarven das Verhalten des Gesprächspartners. Wenn Sie Ihren Gesprächspartner entlarven, legen Sie damit ein sehr starkes Verhalten an den Tag. Man könnte es beispielsweise als Aufbegehren gegen existierende Hierarchien verstehen. Seien

Sie deshalb vorsichtig bei der Anwendung gegenüber Vorgesetzten.

Fragetyp: Alternativfrage

Beispiele:

- „Möchtest Du in traditionellem Weiß heiraten oder Deinen Typ durch die Wahl günstigerer Farben unterstreichen?“
- „Möchtest Du mich dieses oder, weil wir dann das Geld für die Wohnung haben, nächstes Jahr heiraten?“

Die Alternativfragen geben zwei Antwortmöglichkeiten vor. Achten Sie darauf, daß Ihnen beide Alternativen gefallen. Die beste Alternative gehört an den Schluß. Der Grund hierfür liegt darin, daß Unentschlossene bevorzugt wählen, was noch im Raum klingt. Dieser Effekt kann durch Nennung eines Vorteils für den Befragten noch verstärkt werden, wie die zwei obigen Beispiele zeigen.
Antwortet der Befragte erwartungsgemäß, haben Sie etwas durchgesetzt, was Ihnen gefällt.
Mit Alternativfragen räumen Sie dem Partner eine Wahlmöglichkeit ein, er kann scheinbar frei entscheiden. In Wirklichkeit treffen Sie eine einschränkende Vorauswahl für den Partner. Wird diese Einschränkung durchschaut, belastet dies die Beziehungsebene.
Hervorragend ist die Alternativfrage bei Gesprächspartnern einzusetzen, die nicht genau wissen, was sie wollen. Diese Menschen sind dankbar für die bereits getroffene Vorauswahl und brauchen nur zwei Alternativen gegeneinander abzuwägen.

Fragetyp: Rhetorische Frage

Beispiel:

Lieber Leser, was ist eigentlich eine rhetorische Frage? Jede Frage wird zu einer rhetorischen Frage, wenn sie durch den Fragesteller selber beantwortet wird. Wo können Sie rhetorische Fragen ein-

setzen? Überall dort, wo Sie die Zuhörer auf eine Antwort besonders aufmerksam machen wollen.

Jede Frage, die vom Fragenden selber beantwortet wird, ist eine rhetorische Frage.
Nach einer rhetorischen Frage pausieren Sie etwa drei Sekunden, um den Gesprächspartner oder das Publikum zum Nachdenken zu animieren. Damit bereiten Sie den Boden für die Antwort, die Sie dann selber geben.
Durch die rhetorische Frage wird die Aufmerksamkeit des Zuhörers erregt. Hier liegt die Chance für schlagfertige Reaktionen. Sie versetzen den Zuhörer in Spannung, und er ist aufgefordert, sich eigene Gedanken zu machen. Und kurz bevor er eine eigene Antwort auf die Frage findet, geben Sie Ihre unerwartete Antwort vor. Das erspart dem Zuhörer intellektuelle Mühsal, und er wird die von Ihnen vorgegebene Antwort gerne akzeptieren. Die aufgebaute Spannung entlädt sich zum Beispiel in Lachen oder Erstaunen.
Diesen Vorteil erkaufen Sie sich mit einem Nachteil: Wer ständig zum Nachdenken aufgefordert wird, ohne seine Gedanken zu Ende führen zu können, fühlt sich frustriert. Bei häufigem Einsatz der rhetorischen Frage kann sogar ein belehrender oder arroganter Eindruck vom Redner entstehen.
Gelegentlicher Einsatz ist sehr zu empfehlen. Von häufigem Einsatz ist dagegen abzuraten. Mit rhetorischen Fragen ist es wie mit guten Gewürzen - wenig verfeinert, zuviel verstimmt den Magen.

Fragetyp: Gegenfrage

Beispiele:	
	• Er: „Warum bist Du so mürrisch?“
	• Sie: „Was verstehst Du unter ‘mürrisch’?“

Jede Frage als Antwort auf eine Frage ist eine Gegenfrage.
Diese Frage ist in der Schlagfertigkeit von unschätzbarem Wert. Mit der Gegenfrage geben Sie jeden Ball an den Fragenden zu-

rück, ohne selber antworten zu müssen. Mit diesem Fragetyp können Sie den eingangs besprochenen Forderungen: „Man muß Fragen beantworten." oder „Du hast zu antworten, wenn Erwachsene Dich etwas fragen." begegnen.
Gelegentlich wird eine Gegenfrage als unhöflich bezeichnet, weil die erwartete Antwort nicht gegeben wird. Treffen Sie eine Güterabwägung zwischen leicht unhöflichem Verhalten einem Menschen gegenüber, der vielleicht versucht, Sie in die Enge zu treiben, und einer lammfrommen Antwort, die sich zwar gehört, Ihnen aber leid tut.

Fragetyp: Intonationsfrage

Beispiele:	
	• „Du gehst ins Kino?"
	• „Sie sind bereit, Überstunden zu machen?"

Jeder Aussagesatz wird durch Anheben der Stimme am Satzende zu einer Frage.
Dieser Fragetyp ist sehr zurückhaltend. Manchmal geht der Fragecharakter der Aussage sogar verloren, wenn die spezielle Betonung am Ende des Satzes überhört wird. Setzen Sie diesen Fragetyp ein, wenn Ihr Gesprächspartner sehr sensibel auf Steuerungsimpulse reagiert.

Vorteile der Fragetechniken

Informationsgewinn und Gesprächssteuerung sind die Hauptziele und die Hauptvorteile der Fragetechniken. Daneben bieten Fragetechniken viele weitere Vorteile, die ein Gespräch bereichern:

- Sie geben die Gesprächsinitiative ab. Dadurch gewinnen Sie Zeit zum Nachdenken.
- Durch Ihre Fragen führen Sie den Gedankengang ihres Gesprächspartners. Für das Sachziel des Gespräches kann dies sehr zeitsparend sein, weil Sie schnell zum Kern des Gespräches vordringen. Auf der Beziehungsebene wirken sich Fragen positiv aus, wenn der Partner sich selbst darstellen möchte.

- Durch geeignete Fragen können Sie den Gesprächspartner auf Punkte festlegen, die für Sie günstig sind.
- Mit Fragetechniken lassen sich auch Angriffe abwehren. Hierzu stehen zwei Strategien zur Verfügung:
  Angriff: „Sie haben keine Ahnung."
  Sie können den Angreifer zum Nachdenken bringen: „Können Sie drei Vorschläge machen, wie meine nachvollziehbare Darstellung veredelt werden kann?"
  Sie können den Angreifer mit seinem Verhalten konfrontieren: „Warum versuchen Sie meine Autorität anzugreifen?"

Gefahren der Fragetechniken

Auch Fragetechniken haben einige Nachteile, die bei der Anwendung berücksichtigt werden sollten:

- Von allen Fragen geht Dominanz aus. Man sagt: „Wer fragt, der führt." Jedoch ist Führung nur dort möglich, wo es auch Geführte gibt. Häufiger Einsatz der Fragetechniken erzeugt meist Druck auf der Beziehungsebene und fördert häufig ungewollt Hierarchie in Gesprächen. Diesen Konsequenzen sollten Sie sich bewußt sein, wenn Fragetechniken eingesetzt werden.
- Stellt man eine Frage, stellt sich unter dem Fragedruck auch widerwillig eine Antwort ein. Dem Gesprächspartner kann es später leid tun, daß er geantwortet hat. Damit wird im nachhinein die Beziehung zum Partner belastet.
- Durch zu viele Fragen kann das Gespräch Verhörcharakter annehmen. Damit wird der Gesprächsverlauf mehr und mehr einseitig. Menschen fühlen sich in einer derartigen Gesprächsatmosphäre sehr unwohl. Sie brechen das Gespräch bei nächster Gelegenheit ab.

Erfahrungen aus der Praxis

Die Herausforderung liegt darin, die richtige Frage zur richtigen Zeit zu stellen! Leicht entsteht durch zu viele Fragen der angesprochene Verhörcharakter. Sollten Sie diese einseitige Gesprächsentwicklung als Fragender bemerken, erzählen Sie umgehend

von sich, damit das Informationsbedürfnis Ihres Gegenübers auch zu seinem Recht kommt.
Fragen bringen Dominanz in Gespräch oder Rede. Deshalb sollten Sie Fragen nur gezielt einsetzen. Situationen, die sich für stärkeren Einsatz der Fragetechniken eignen, sind beispielsweise:

- wenn Bedürfnisse im Verkauf analysiert werden sollen;
- wenn Interesse am Partner gezeigt werden soll;
- wenn gezielte Informationen gebraucht werden;
- wenn Angriffe abgewehrt werden sollen.

Um den entstehenden Verhörcharakter zu vermeiden, bitten Sie Ihren Gesprächspartner um die Zustimmung zu den Fragen: „Ich brauche jetzt einige Informationen von Ihnen und möchte Ihnen dazu einige Fragen stellen. Ist das in Ordnung?" Wenn der Partner bejaht, stellen Sie zügig die erforderlichen Fragen.
In vielen anderen Situationen können Sie mehr Nähe zum Gesprächspartner aufbauen, indem Sie über sich und Ihre Gefühle erzählen.
Anders ist es bei der Behandlung von Einwänden und Angriffen. Hier ist die dominante Wirkung der Fragetechniken gewünscht. Zeigen Sie durch Gegenfragen Stärke. Dies ist sicher eine angemessene Verhaltensweise, wenn Ihnen jemand an Ihr rednerisches Fell will. Setzen Sie Gegenfragen ein,

- wenn Ihnen noch Informationen über den Sachverhalt oder den Fragenden fehlen;
- wenn die Frage zu privat oder unverschämt ist;
- wenn es Ihnen an Sachkenntnis mangelt (Derartige Mängel durch diesen rhetorischen Trick zu kompensieren, ist ein sehr gefährliches Unterfangen. In diesem Fall ist es viel besser, die fachlichen Mängel zu beseitigen, damit das dünne Eis nicht unversehens einbricht.);
- wenn es der Gesprächstaktik dient;
- aus vertraglichen Gründen (z. B. Betriebsgeheimnis).

Trainieren Sie selbst!

- Geben Sie Freunden und Bekannten die Aufgabe, 'pikante Details' über Sie zu erfragen. Ihre Aufgabe ist es, nur mit Gegenfragen Ihrerseits zu reagieren. So lernen Sie, nur die Fragen zu beantworten, die Sie beantworten wollen.
- Seien Sie neugieriger, und fragen Sie die Menschen Ihrer Umgebung ruhig etwas aus. Das bringt Sicherheit in bezug auf die gewünschten Antworten.
- Hinterfragen Sie häufig, warum Fragen gestellt werden und warum sie Ihnen gestellt werden.

Wer fragen kann, bekommt die gewünschten Antworten. Ein unschätzbarer Vorteil in einer Zeit, in der die richtigen Informationen entscheidend sind. Fragetechniken sind ein wichtiger Baustein auf dem Weg zu mehr persönlicher Autonomie, zu selbstbewußten Reden und Gesprächsbeiträgen.

3) Das Übergehen

Die Technik „Übergehen" ermöglicht Ihnen bei Angriffen in einer aufgewühlten Rede- oder Gesprächssituation in ruhigeres Fahrwasser zu steuern und so schwierige Situationen besser zu meistern.

Werden Sie angegriffen oder beleidigt, haben Sie im Monolog wie im Dialog zwei Verhaltensalternativen. Sie können den geworfenen Fehdehandschuh des Angreifers aufheben und sich bei Morgengrauen mit ihm duellieren. Oder Sie ignorieren die Tatsache, daß Sie zu einem Duell herausgefordert wurden. Die erste Alternative ist immer gefährlich, zumal, wenn Sie nicht genau wissen, ob Sie selber mit Duellpistolen besser umgehen können als der Angreifer. Ignorieren Sie den Fehdehandschuh hingegen, umgehen Sie die gefährliche Duellsituation. Sie haben die Wahl. Manche Menschen erleben es als eine Frage der Ehre, dem Angreifer machtvoll zu zeigen, wo es lang geht. Oft eskaliert dadurch der Konflikt. Nicht der Angreifer, sondern Sie entscheiden, ob eine Äußerung des Partners ein Angriff ist oder nicht. Eine Bemerkung wird nie nur durch das Gegenüber zur Attakke, sondern immer auch durch Ihre Bewertung der Aussage.

Wie wird's gemacht?

Sie wenden diese Technik an, indem Sie Ihr Konzept beibehalten. Sie verhalten sich so, als hätten Sie nichts bemerkt. In Gesprächen führen Sie Ihr Argument trotz Angriff ruhig zu Ende; in Vorträgen fahren Sie konzentriert fort.
Unterlassen Sie den Blickkontakt zum Angreifer, denn damit würden Sie sein Verhalten auszeichnen. Lassen Sie den Blickkontakt ganz normal schweifen. Denken Sie daran: Sie haben scheinbar nichts bemerkt (weder Angriff noch Angreifer).
Lassen Sie Angriffe abprallen. Geben Sie dem Angreifer durch Ihr Verhalten zu verstehen, daß Sie die Situation voll im Griff haben. Strahlen Sie dabei durch Ihre Wirkungsmittel auch körpersprachlich Sicherheit aus.

Mit der Technik „Übergehen" werden meist mehrere Ziele verfolgt:

- Ziel ist es, dem Angreifer sein Forum zu entziehen. Sie schenken dem Angriff und dem Angreifer keine Beachtung und verhindern so, daß die Aufmerksamkeit auf die Störung gelenkt wird. Man folgt Ihren Ausführungen weiterhin. Bei unqualifizierten Angriffen hat sich dieses Vorgehen millionenfach bewährt.
- Ziel ist es, der inhaltlichen Ebene in Vorträgen oder Gesprächen den Vorrang zu geben, denn wer sich zurückhaltend und sachorientiert verhält, entzieht der wütenden und machtvollen Auseinandersetzung die notwendige Energie.
- Ziel ist es, ein dickes Fell zu beweisen. Sie können sich und Ihren Zuhörern zeigen, daß Sie erfahren und routiniert genug sind, um derartige 'Kleinigkeiten' zu übersehen.
- Dem Verhalten des Angreifers wird mit Nichtachtung begegnet. Hier liegen Chancen und Risiken der Technik eng beieinander.

Die Nichtbeachtung kann dazu führen, daß der Angreifer die Störungen unterläßt. Ignoranz kann aber auch einen gegensätzlichen Prozeß in Gang setzen. Der Störer könnte testen wollen, ob er besser angreifen kann, als der Redner parieren. Ignoranz führt dann zur Verstärkung der Störung durch Angriffe. Achten Sie deshalb nach der Technik darauf, wie sich Störer und Gruppe verhalten. Eskaliert der Prozeß, sollten Sie sofort eine andere Technik wählen, beispielsweise auf den Angreifer eingehen und sachlich argumentieren.

Die Technik „Übergehen" sollte immer zur Beruhigung der Situation beitragen. Steigen Sie mit dem Störer in den Ring, setzen Sie auf Konfrontation und bauschen die Sache auf. Entziehen Sie dem Machtkampf die Lebensgrundlage, wird der Konflikt kleiner, bis er sich auflöst.

Vorteile der Technik „Übergehen"

Wer das Duell fordert, bestimmt die Situation und macht den Gesprächspartner zum Duellanten. Der Hauptvorteil dieser Technik liegt darin, daß die Auseinandersetzung mit dem Angreifer vermieden werden kann, das heißt, der Führungsanspruch des Herausforderers kommt nicht zur Geltung. Sie bestimmen den Angreifer, statt vom Angreifer bestimmt zu werden. Dadurch nutzen Sie ihre Autorität, die Sie in der Rolle natürlicherweise besitzen. Als Redner oder Gesprächsleitung reichen Ihr Amtsbonus oder die Sondervollmachten der Rolle aus, um selbst zu entscheiden, ob Sie auf einen Angriff reagieren wollen oder nicht. Selbst wenn Sie als Teilnehmer von einem Redner oder der Gesprächsleitung angegriffen werden, reichen konsequenter Blickkontakt und Schweigen aus, um den Angreifer in eine unerwartete Situation zu bringen, die bei ihm Verwirrung auslösen kann.

Gefahren der Technik „Übergehen"

Die Technik „Übergehen" ist auch mit Gefahren verbunden.

- Der Angreifer kann den Einwand erneut und vielleicht sogar in schärferer Form formulieren.

- Sie können durch die Technik „Übergehen“ die Beziehungsebene zum Angreifer erheblich belasten, denn er wird mißachtet, entwertet und ignoriert. Diese Mißachtung reizt ihn vielleicht zu einem erneuten Angriff.
- Dieses harte Mittel wird oft dann eingesetzt, wenn das Repertoire des Redners im Umgang mit Angreifern erschöpft ist. Damit kann die Begrenztheit des Redners im Umgang mit schwierigen Situationen deutlich werden. Setzen Sie diese Technik nicht ein, wenn Sie sich keinen anderen Rat mehr wissen.

Dieses Vorgehen beinhaltet also einige schwerwiegende Gefahren. Prüfen Sie in der entsprechenden Situation, welche Gefahren bestehen, und setzen Sie die Technik dann nur gezielt ein.

Erfahrungen aus der Praxis

Auch wenn der eigentliche Platz dieser Technik der Monolog ist, ist die Anwendung in Gesprächen ebenfalls möglich. Werden unpassende Aussagen oder Einwände ohne viel Energie ‘einfach so dahingesagt’, ist die Handhabung vergleichsweise problemlos. Es ist allgemein üblich geworden, nur mit einem Ohr hinzuhören. Die Wortbeiträge aus dem Publikum haben leider oft keinen Bezug zum unmittelbar vorher Gesagten. So werden Aussagen unbewußt übergangen. Gelegentliches bewußtes Übergehen löst sich in der Wahrnehmung des Gesprächspartners auf wie ein Tropfen im See.

Handelt es sich hingegen um einen energiegeladenen oder wütenden Angriff, fühlt sich der Angreifer stark abgewertet, wenn er übergangen wird. Die persönliche Ablehnung reizt zum Zorn. Der Tropfen kann jetzt das Faß überlaufen lassen. In solchen Situationen ist vom Übergehen dringend abzuraten. Werten Sie den Gesprächspartner lieber etwas auf, indem Sie argumentieren oder einen leichten Rückzug antreten, wenn es die Situation erlaubt.

Die Technik kann auch eingesetzt werden, um dem übergangenen Gesprächspartner einen Gefallen zu tun. Neigt Ihr Gesprächspartner zu unüberlegten Gefühlsausbrüchen, ist er Ihnen dankbar, wenn Sie seinen Wutausbruch einfach überhören. Meist sind diese Aus-

brüche sowieso nicht so schlimm gemeint, wie sie sich anhören. Sie sind gut beraten, wenn Sie derartiges ignorieren.
Durch diese Technik verlieren Angreifer schnell die Lust an ihrem Spiel. Den Störern gelingt es nicht, sich in den Mittelpunkt des Interesses zu manövrieren, und sie fügen sich häufig wieder in die Gruppe ein.
Sofern sich die Gruppe gestört fühlt, ist jedoch Vorsicht geboten. Greift die Störung Raum, so daß das Publikum beeinträchtigt wird, raten wir von dieser Technik ab, denn jetzt würde ein übergehendes Verhalten zu schwach wirken. In dieser Situation muß vom Redner stark steuernd eingegriffen werden! Jetzt sollte beispielsweise die Störung oder der Störer angesprochen werden.

Trainieren Sie selbst!

- Lassen Sie sich von Freunden oder Bekannten in Übungssituationen angreifen, und wenden Sie die Technik „Übergehen“ an.
- Ignorieren Sie in Gesprächen einige Wortbeiträge Ihres Gegenübers. Achten Sie auf seine Reaktionen und eventuell anderer anwesender Personen.
- Schlüpfen Sie in die Rolle des Angreifers hinein (ohne zu übertreiben). Formulieren Sie Ihre Angriffe bewußt, ohne Bezug auf Ihren Gesprächspartner oder Vortragenden zu nehmen. Beobachten Sie Ihre eigenen Reaktionen, die des Redners und des Publikums.

Durch gezieltes Übergehen geben Sie der Sachlichkeit eine zweite oder dritte Chance. Sie ermöglichen sich und Ihren Zuhörern weiterhin eine freundliche, friedliche und entspannte Atmosphäre.

4) Das Verschieben

Dieses Kapitel macht Sie mit den Vorzügen und Gefahren des Verschiebens vertraut. Verschieben Sie, um sich problembehafteten oder konfliktträchtigen Situationen erst dann zu stellen, wenn es Ihnen in das Konzept paßt.

Das Verschieben ist eine bekannte und praktizierte Technik. Einwände, Angriffe oder Fragen werden nicht sofort behandelt, sondern auf einen späteren Zeitpunkt oder auf eine andere Person verschoben.

Wie wird's gemacht?

Am bekanntesten ist das Verschieben auf einen späteren Zeitpunkt. Sie nennen einen Zeitpunkt, zu dem Sie die verschobenen Inhalte behandeln werden, zum Beispiel: „Herr Neugier, lassen Sie uns diesen Punkt nach der Sitzung besprechen."
Sie können auch auf einen anderen Menschen verschieben. Damit wird eine Einwandbehandlung oder ein organisatorisches Problem endgültig in die Zuständigkeit einer anderen Person delegiert, zum Beispiel: „Für Finanzierungsfragen steht Ihnen gleich Herr Geldern zur Verfügung."
Ohne Blickkontakt wird die Technik viel schneller durchschaut, und Ihnen werden (hoffentlich zu Unrecht) unlautere Motive unterstellt. Deshalb ist es in der Praxis der Schlagfertigkeit wieder wichtig, Blickkontakt zu halten. Blicken Sie in die Augen des Gegenübers. Das macht Sie sicher und Ihre Aussage glaubwürdig.
Versüßen Sie diese Technik für den Gesprächspartner mit einem Vorteil. Die Aussage wird dadurch viel leichter akzeptiert: „Frau Flink ist in unserem Haus für die Regulierung von Schäden verantwortlich. Damit Sie möglichst schnell Ihr Geld bekommen, wenden Sie sich an meine Kollegin. Ich werde Sie schon mal bei ihr anmelden, damit Sie sofort drankommen." Sie zeigen dem Gesprächspartner damit seine Vorteile.

Beispiele

Wir wollen Ihnen einige vorteilhafte Formulierungsbeispiele nennen, die sich in unserer rednerischen Praxis und in unseren Gesprächs- und Verhandlungsseminaren bewährt haben. Dabei wollen wir zwischen Monolog und Dialog unterscheiden.

Einsatz im Monolog

- „Damit der Vortrag verständlich strukturiert bleibt, lassen Sie uns die Fragen gebündelt am Ende des Vortrags behandeln."
- „Damit uns keine Frage entwischt, notiere ich Ihr Anliegen. Herzlichen Dank."
- „Um diesen Punkt im Zusammenhang zu behandeln, lassen Sie uns darauf im nächsten Abschnitt eingehen."
- „Stellen Sie diese Frage Frau G. Bildet. Sie hat sich auf diesen Bereich speziell vorbereitet und wird nach mir sprechen."
- „Einwände zu diesem Bereich beantwortet laut Tagesordnung Herr Müller." Formalia bieten eine gute Basis, um die Technik „Verschieben" Ihrem Publikum zu begründen.

Einsatz im Dialog

- „Weil wir dazu erst noch einige Details klären sollten, lassen Sie uns das am Ende besprechen."
- „Lassen Sie uns das später diskutieren."
- „Fragen Sie Frau B. Trifft, sie ist dafür zuständig."
- „Um die Bearbeitungszeit zu verkürzen, wenden Sie sich an Herrn Weise. Er ist der Spezialist für diese Anwendungen in unserem Hause."
- „Lassen Sie uns diesen Punkt nach der Pause behandeln. Dann sind wir alle frischer."

Vorteile des Verschiebens

- Es kann in einem Gespräch klug sein, einen Einwand oder eine Frage später zu behandeln, weil Sie noch Zeit zum Nachdenken brauchen. Sie können sich aus der Affäre ziehen, ohne spontan reagieren zu müssen.

- Dem Gesprächspartner fehlen noch Informationen. Verschieben Sie, um den Gesprächspartner umfassender zu informieren.
- Bei einer sofortigen Behandlung ist die rhetorische Wirkung ungünstig, weil beispielsweise der Gesprächspartner noch unaufmerksam ist oder das Publikum noch zu laut. Durch Verschieben verlagern Sie Ihre Stellungnahme auf einen günstigen Moment.
- Die aufgeworfene Frage ist nur für einen kleinen Teil des Publikums wichtig oder verständlich.
- Sie können durch Verschieben fehlendes Wissen begrenzt kaschieren.

  Sollten Sie mit diesem Ziel häufig verschieben müssen, ist es an der Zeit, Ihr Wissen zu erweitern, denn ein derartiger Einsatz dieser Technik demontiert Ihre Rolle als fachliche Autorität.

Gefahren des Verschiebens

Verschieben ist für den Gesprächspartner unbequem.

- Er stellt eine Frage und wird auf einen späteren Zeitpunkt vertröstet, statt eine Antwort zu bekommen.
- Er formuliert einen Einwand und wird auf eine andere Person verwiesen, ohne daß inhaltliche Stolpersteine aus dem Weg geräumt werden.
- Er greift an und trifft ins Leere, statt Konflikte zu schüren.

Wer dauerhaft nicht bekommt, was er will, verliert irgendwann das Interesse an der Sache und gibt frustriert auf. Frustrieren Sie Publikum oder Gesprächspartner, werden sich die Menschen unwohl fühlen. Man wird Sie als Redner oder Gesprächspartner meiden. Verschieben Sie nur dort, wo die Vorteile diesen schwerwiegenden Nachteil aufwiegen.

Es kann auch passieren, daß Ihnen mangelndes Fachwissen unterstellt wird. Gerade wenn Sie ständig an 'kompetentere' Personen verweisen, sägen Sie kräftig an dem Ast, auf dem Sie sitzen. Ihr Gegenüber fragt sich dann, warum nicht Experten zu ihm sprechen.

Erfahrungen aus der Praxis

Grundsätzlich ist die sofortige Behandlung von Fragen, Einwänden und Angriffen besser als das Verschieben auf irgendwann oder irgendwen!

Durch die Verschiebetechnik nehmen Sie einige Nachteile auf der Beziehungsebene in Kauf. Deshalb sollte eine Güterabwägung durchgeführt werden. Stellen Sie sicher, daß die Nachteile durch etwaige Vorteile zumindest ausgeglichen werden.

Es ist gefährlich, Einwände unter den Tisch zu kehren, weil sich der Gesprächspartner übervorteilt, ausgetrickst und über den Tisch gezogen fühlt. Selbst wenn er seine Bedenken nicht mehr äußert, bemerkt er den Trick vielleicht später. Sie verletzen damit die Gefühle Ihres Partners und gefährden den langfristigen Überzeugungserfolg. Um diese negativen Folgen zu vermeiden, hat es sich bewährt, den zu verschiebenden Punkt aufzuschreiben und den Zuhörer auf die Behandlung des verschobenen Punktes aufmerksam zu machen. Denn sonst geht die Behandlung häufig unter. Der Gesprächspartner fühlt sich durch dieses Verhalten angenommen. Formulieren Sie beispielsweise:

- „Das ist übrigens der Punkt, den Sie eben bereits ansprachen."
- „Damit komme ich dann auch zu Ihrem Punkt."
- „Hierauf bezog sich eben Ihre Frage."
- „Hier sind wir jetzt an dem Punkt, der eben schon von einigen aus Ihren Reihen angesprochen wurde."
- „Ich versprach Ihnen ja, nach der Mittagspause den Punkt 'Finanzierung' näher zu beleuchten."

Halten Sie bei der Behandlung des verschobenen Punktes bevorzugt Blickkontakt zu derjenigen Person, die den Punkt in die Diskussion eingebracht hat, ohne die anderen aus den Augen zu verlieren. Damit demonstrieren Sie ein gutes Gedächtnis, und Sie werten den Fragenden oder Einwender erheblich auf.

Trainieren Sie selbst!

Jede an Sie herangetragene Forderung und jede Frage bietet Trainingsmöglichkeiten, um die Technik „Verschieben" zu üben. Nutzen Sie dabei zunächst Situationen, in denen

- Sie sich sicher fühlen;
- Sie das notwendige Wissen zur Verfügung haben, um notfalls die gewünschte Antwort sofort geben zu können;
- die Atmosphäre entspannt ist;
- die Beziehungsebene zwischen Ihnen und Ihren Zuhörern gut ist.

In diesen Situationen können Sie sich rein auf Ihr Lernen konzentrieren. Achten Sie dabei auf die körpersprachlichen Reaktionen des Gegenübers. Sofern Sie sich beim Verschieben unwohl fühlen, sollten Sie das Anliegen des Gesprächspartners sofort und ohne Umschweife behandeln.

Erst, wenn Sie in diesen Situationen Erfahrungen gesammelt haben, wenden Sie das Verschieben in schwierigeren Sachlagen an. So trainiert, läßt sich das Verschieben auch bei Einwänden und Angriffen leicht einsetzen.

5) Begründung plus Ablehnung

Durch diese Technik lernen Sie, unangenehme Gesprächsthemen, Angriffe, Fragen und Forderungen ablehnen zu können.

Fühlen Sie sich manchmal ausgefragt? Werden Ihnen gelegentlich Gesprächsthemen aufgezwungen? In solchen Fällen ist es oft von Nachteil zu antworten. Dann sollten Sie „Begründung plus Ablehnung" einsetzen.

Ihre Umwelt tritt vielleicht mit immer neuen Forderungen an Sie heran. Damit kann sich Ihre Umwelt entlasten, während Sie unter den aufgebürdeten Lasten drohen zusammenzubrechen. Häufig ist der Grund für derartig einseitig verteilte Lasten Ihr fehlendes „Nein" an der passenden Stelle. Besonders in diesen Fällen sollten Sie diese Technik einsetzen.

Wie wird's gemacht?

Diese Technik besteht, wie der Name schon vermuten läßt, aus zwei Bausteinen, der „Begründung“ und der „Ablehnung“.
In der Begründung erklären Sie, warum Sie sich ablehnend verhalten, denn die bloße Ablehnung kann sonst etwas schroff wirken. Achten Sie darauf, daß Sie zunächst begründen und dann ablehnen, damit die zuerst genannte Begründung mehr Akzeptanz für die folgende Ablehnung schafft.
Bei der Ablehnung sagen Sie Ihrem Gegenüber klipp und klar, daß Sie seinem Anliegen nicht entgegenkommen werden. Damit weiß Ihr Gesprächspartner, woran er ist und macht sich keine falschen Hoffnungen.

Beispiele

- **Ablehnen von Fragen**

Sie können die Antwort auf persönliche, unpassende und hinterhältige Fragen ablehnen. Wenn Sie diese Technik konsequent und unnachgiebig anwenden, ersparen Sie sich eine Antwort.

Frage:	„Wieviel Geld verdienen Sie?“
Reaktion:	„Weil meine Bezahlung nichts mit dem Thema zu tun hat, sage ich dazu nichts.“

Frage:	„Belügen Sie immer noch das Finanzamt?“
Reaktion:	„Diese Frage ist unverschämt, deshalb antworte ich darauf nicht.“

Frage:	„Was halten Sie von den Führungsfähigkeiten unseres Vorgesetzten?“
Reaktion:	„Weil ich Sie durch meine Meinung nicht beeinflussen will, werde ich dazu nicht Stellung nehmen.“

- **Ablehnen von überzogenen Forderungen**

Unangemessene Forderungen der Umwelt werden von Ihnen dadurch zurückgewiesen. Sollten Sie zu den Menschen gehören, denen es schwer fällt, „nein“ zu sagen, ist diese Technik ein hervorragendes Mittel, um diese Schwierigkeit aus dem Weg zu räumen.

Forderung:	„Erledigen Sie mir mal eben noch kurz diesen eiligen Vorgang.“
Reaktion:	„Weil bei der Erledigung dieses Vorgangs andere dringende Arbeiten leiden würden, muß ich diesen zusätzlichen Auftrag leider ablehnen.“

Forderung:	„Machen Sie mal den Kühlschrank sauber.“
Reaktion:	„Da die Reinigung des Kühlschrankes nicht zu meinen Aufgaben gehört, muß ich Sie bitten, sich an die Zuständigen zu wenden.“

Forderung:	„Bitte führen Sie mit Herrn Miesig ein Kritikgespräch, da er morgens am Telefon immer so unfreundlich ist.“
Reaktion:	„Da mir das angeblich unfreundliche Verhalten noch nicht aufgefallen ist, sehe ich keinen Anlaß zur Kritik. Deshalb möchte ich Sie auffordern, Herrn Miesig selbst zu sprechen.“

- **Aufzeigen von Grenzen**

Sie können dem Gesprächspartner deutlich Grenzen aufzeigen. Wenn Sie unmißverständlich klar machen wollen, daß Ihr Gesprächspartner an Ihre Grenzen stößt oder diese sogar überschreitet, dann ist diese Technik empfehlenswert.

Frage:	„Wie oft schlafen Sie mit Ihrem Gatten?“
Reaktion:	„Weil Sie das nichts angeht, beantworte ich Ihre neugierige und unverschämte Frage nicht.“

Aussage:	„Ich habe für uns beide gegen 20.00 Uhr einen Tisch reserviert!“
Reaktion:	„Weil ich selber entscheide, mit wem ich meine Freizeit verbringe, weise ich das Angebot zurück.“

Situation:	Der Gesprächspartner hat die vorgegebene Gesprächszeit schon deutlich überschritten.
Reaktion:	„Weil Sie die veranschlagte Zeit schon zehn Minuten überschritten haben, unterbrechen wir an dieser Stelle.“

- **Reaktion auf Angriffe**

Sie können mit dieser Technik auf Angriffe reagieren. Wenn Sie eine inhaltliche Auseinandersetzung ablehnen, werten Sie Angriff und Angreifer ab.

Angriff:	„Sie sollten sich besser vorbereiten.“
Reaktion:	„Weil Sie meinen Arbeitsstil nicht beurteilen können, werde ich auf Ihre Bemerkung nicht weiter eingehen.“

Angriff:	„Sie haben keine Ahnung.“
Reaktion:	„Weil Sie nicht zuhören, werde ich nicht darauf eingehen.“

Angriff:	„Sie sind korrupt.“
Reaktion:	„Weil Sie unlautere Ziele verfolgen, werde ich Ihre Worte ignorieren.“

Vorteile „Begründung plus Ablehnung“

Mit „Begründung plus Ablehnung“ formulieren Sie präzise und stark Ihre Position. Damit machen Sie Ihrem Gesprächspartner unmißverständlich deutlich, wo die Glocken hängen, und Sie entscheiden, in welche Richtung sich das Gespräch entwickelt. Durch die

Ablehnung von Antworten oder Forderungen erfolgt eine massive Kursänderung in Gesprächen. Sie steuern damit nicht nur das Gespräch, sondern auch den Gesprächspartner.
Fragen, die Ihnen nicht ins Konzept passen, lassen Sie mit dieser Technik unbeantwortet im Raum stehen.
Sie ersparen sich und Ihren Zuhörern die inhaltliche Auseinandersetzung mit einem Angriff und die persönliche Auseinandersetzung mit dem Angreifer. Diese Technik erleichtert Ihnen in diesem Fall, beim Thema zu bleiben. Sie können Ihre Vortrags- oder Gesprächszeit inhaltlich füllen. Der Angreifer wird kaltgestellt.

Gefahren „Begründung plus Ablehnung“

Grundsätzlich verweigern Sie mit „Begründung plus Ablehnung“ dem Gesprächspartner Informationen. Damit blocken Sie den Gesprächsfluß. Das Thema muß beendet, ein neues gesucht werden.
Durch den ablehnenden Teil der Technik zeigen Sie dem Gesprächspartner die kalte Schulter. Wenn Sie „Begründung plus Ablehnung“ anwenden, lassen Sie Ihren Gesprächsparter auflaufen und konfrontieren ihn mit Grenzüberschreitungen. Wenn Menschen in Gesprächen mit Ihnen diese unangenehme Erfahrung häufiger machen, werden sie sich zügig andere Kontakte suchen. Setzen Sie diese Technik deshalb nur ein, wenn Sie diesen Preis zahlen wollen und können.
Mit dieser Technik greifen Sie massiv in den Gesprächsverlauf ein. Ihr Gesprächspartner wird in seinen Bedürfnissen nicht befriedigt, und Sie haben den bestimmenden Anteil am Gespräch. Viele Menschen werden mit dieser Rollenverteilung unzufrieden sein. Es besteht die Gefahr, daß sie gegen dieses Verhalten ihrerseits offen oder verdeckt Widerstand leisten.

Erfahrungen aus der Praxis

Seien Sie sich bewußt, daß eine Ablehnung die Beziehung zum Fragenden belastet, und man Ihnen dieses Verhalten unter Umständen übel nimmt. In Situationen, in denen nur wenig Interesse an einer guten Beziehung besteht, können Sie diese Technik gefahrlos einsetzen. Diese Situationen sind allerdings seltener, als die meisten Menschen glauben. Bedenken Sie in jedem Fall die Konsequenzen. Sind Sie weiterhin auf ein gutes Verhältnis zu Ihren Mitmenschen angewiesen, sollten Sie diese Technik zugunsten einer gefühlvolleren Vorgehensweise zurückstellen.

Eine klar begründete Ablehnung ist immer besser als schwammiges Drumherumreden, um nicht antworten zu müssen. Beispielsweise könnten Sie von einem entfernten Bekannten gefragt werden: „Wieviel Umsatz machen Sie eigentlich? Können Sie davon überhaupt leben?" Dann könnten Sie darauf unsicher reagieren mit: „Naja, -äh- weil mir das irgendwie ein bißchen persönlich vorkommt, möchte ich -äh- da eigentlich nicht unbedingt so viel zu sagen." Eine derartig unklare Ablehnung lädt zur Diskussion ein, wirkt schwach und ohne Rückgrat, kostet Autorität. Sie machen es dem entfernten Bekannten dadurch leicht, noch mal nachzufragen und den vermeintlich schwachen Punkt hochzuspielen. Eine andere Möglichkeit, auf diese Frage zu reagieren, ist: „Weil das zu persönlich ist, sage ich dazu nichts." Es ist wichtig dabei, Blickkontakt zu halten und kein weiteres Wort zu verschwenden. Sollte Ihr Gegenüber dennoch die Dreistigkeit besitzen, einen erneuten Bohrversuch zu starten, reagieren Sie etwa mit den Worten: „Was ich dazu sagen wollte, habe ich gesagt." Durch diese Antwort wird die Grenze scharf festgelegt.

Sollten Sie „Begründung plus Ablehnung" als Reaktion auf Angriffe einsetzen, ziehen Sie bitte immer in Betracht, daß dies eine sehr harte Reaktion ist. Stellen Sie sicher, daß der ablehnende Charakter der Technik als zur Sache gehörig wahrgenommen wird. Ihr Gesprächspartner sollte sich trotz dieser Vorgehensweise als Person respektiert und akzeptiert fühlen. Variieren Sie deshalb den Härtegrad der Technik, indem Sie positiv oder negativ begründen bzw. Ich- oder Sie-Formulierungen verwenden:

- „Weil Sie zu unhöflich sind, werde ich dazu nichts sagen."
- „Weil Sie in diesem Bereich bereits viele Erfahrungen gesammelt haben, ..."
- „Weil ich Ihre Angriffe unqualifiziert finde, ..."
- „Weil ich erst über Ihre Aussage nachdenken muß, ..."

Mit weicheren Formulierungen werden Sie in Normalfällen deutlich mehr erreichen.

Trainieren Sie selbst!

Die Technik „Begründung plus Ablehnung" sollten Sie zunächst in Situationen trainieren, von denen wenig abhängt. Blocken Sie Antworten auf Fragen ab, die Sie einfach geben könnten. Lehnen Sie Forderungen ab, die Sie leicht erfüllen könnten. Sollte der andere dadurch enttäuscht reagieren, können Sie dann der Anforderung leicht Folge leisten, um die Wogen zu glätten. Zeigen Sie Grenzen auf, die der Partner bereits kennt oder die er schnell einsehen kann.

Wenn Sie in diesen Situationen genügend Erfahrungen gesammelt haben, fangen Sie an, härtere Nüsse zu knacken. Weigern Sie sich, Fragen zu beantworten, die dem Partner wichtig sind. Trauen Sie sich, Fragen abzulehnen, für die Ihnen Fähigkeiten oder Zeit fehlen. Lernen Sie Grenzen aufzuzeigen, die für den Partner neu sind, die Verhaltensänderungen von ihm einfordern.

Schaffen Sie es, „Begründung plus Ablehnung" zielgerichtet einzusetzen, brauchen Sie sich dann nicht mehr gegen Ihren Willen ausfragen zu lassen. Gespräche werden Ihnen nicht mehr aufgezwungen und finden so in ungezwungener Atmosphäre statt. Ihre Umwelt kann sich nicht mehr auf Ihre Kosten entlasten oder amüsieren. Ihr standfestes bzw. gut begründetes „Nein" zeigt notwendige Grenzen auf.

6) Scheinantwort + Weitersprechen

In diesem Kapitel lernen Sie, wie Sie ausweichend antworten können, wenn Sie nicht konkret Stellung nehmen können oder dürfen. Trotzdem ermöglicht Ihnen diese Technik die Beziehungspflege zum Partner.

Haben Sie schon einmal eine Frage beantwortet, obwohl Sie es nicht wollten? Lag der Grund für dieses Verhalten darin, daß Sie den Erwartungen Ihres Gegenübers entsprechen wollten? Glaubten Sie vielleicht, daß die vorenthaltene Information die Beziehung dauerhaft belasten könnte, und haben Sie deshalb vielleicht widerwillig geantwortet? Wenn Sie solche Situationen schon einmal erlebt haben, kennen Sie Anwendungsmöglichkeiten für „Scheinantwort + Weitersprechen".

Wie wird's gemacht?

Wollen Sie eine Scheinantwort geben, so reagieren Sie, indem Sie zwar antworten, aber die Kerninformationen zurückhalten. Dabei sind zwei Punkte unbedingt zu beachten. Erstens wählen Sie eine Scheinantwort, die möglichst nahe an den erwarteten Kerninformationen liegt. Manchmal genügt es schon, wenn Sie einige zentrale Worte der Frage in die Scheinantwort einbauen. Damit ist die Wahrscheinlichkeit sehr hoch, daß Ihr Gegenüber die Antwort akzeptiert. Zweitens sollten Sie nach der Scheinantwort weitere Informationen geben, indem Sie noch einige Sätze sagen, die im weitesten Sinne zum Thema passen. Dadurch überprüft Ihr Gegenüber die Korrektheit der Aussage nicht.

Wir alle sind an Scheinantworten gewöhnt. Der Grund hierfür liegt darin, daß sowohl vom Fragesteller als auch vom Gefragten in der Regel ungenau zugehört wird. Viele Ihrer Zuhörer und Gesprächspartner empfinden es bereits als Normalität, wenn ihre Fragen unpräzise beantwortet werden.

Beispiele

Hier ein Beispiel für die neugierige Frage eines Fremden an Sie: „Und wieviel verdienen Sie eigentlich?" Sie können die Beantwortung ganz offen ablehnen und begründen: „Weil diese Frage zu persönlich ist, sage ich dazu nichts." Dadurch wird die Beziehungsebene belastet. Der Fragende fühlt sich vor den Kopf gestoßen. Bei den Fällen, in denen Sie sich derartige Konsequenzen nicht leisten wollen, können Sie aus einem breiten Repertoire verschiedener Scheinantworten schöpfen. Einige Beispiele seien hier angeführt:

- „Ich verdiene so viel, wie meine Leistungen wert sind. Die Leistungsbewertung in Unternehmen spielt heute eine wichtige Rolle. ..."
- „Das kommt auf den Betrachtungswinkel an. Wenn man davon ausgeht, daß ..."
- „Ich verdiene mehr, als ich bekomme. Die wirtschaftliche Situation vieler Unternehmen ..."
- „Je nachdem, welchen Zeitraum Sie betrachten, kommen Sie zu unterschiedlichen Ergebnissen. Beispielsweise ..."

Man sagt, im politischen Bereich soll „Scheinantwort + Weitersprechen" auch schon einmal zur Anwendung gekommen sein. So könnte eine Frage an einen Politiker beispielsweise lauten: „Welche Änderungen enthält der neue Gesetzesentwurf?" Antwort: „In unserer Partei werden Änderungen von Gesetzesentwürfen sehr gewissenhaft überprüft, um dem Wählerwillen gerecht zu werden. Wir wollen zu einer gerechten Lösung für die Menschen in unserem Land kommen. Dazu haben wir die Möglichkeiten angedacht. Für Deutschland ist es wichtig, daß nationale Interessen im Einklang mit unseren europäischen Nachbarn durchgesetzt werden. Nur so werden wir die Zukunft sichern." In dieser Antwort finden Sie eine Reihe positiv besetzter Werte. Es werden zum Beispiel Gewissenhaftigkeit, Gerechtigkeit, Bürgernähe, Umsichtigkeit, Gleichberechtigung und Zukunftssicherung angesprochen. Die Frage nach den Änderungen im neuen Gesetzesentwurf bleibt jedoch unbeantwortet.

Die Wertung dieses ausweichenden Verhaltens ist schwierig. Beispielsweise gibt es Situationen, in denen eine klare Antwort gegen Vereinbarungen verstößt, die die Zuhörer oder Fragesteller nicht kennen. Eine klare Äußerung ist jedoch auch hier möglich: „Wir haben vereinbart, darüber Stillschweigen zu bewahren."

Vorteile „Scheinantwort + Weitersprechen"

Allgemein ist das Hauptziel der Technik „Scheinantwort + Weitersprechen", Stellung nehmen zu können, ohne die erwartete Antwort geben zu müssen. Durch die Anwendung der Scheinantwort haben Sie insbesondere folgende Vorteile:

Sie können sich ins rechte Licht setzen.

Sie sprechen in der Scheinantwort positive Werte an, die der Zuhörer inhaltlich mit Ihnen oder Ihrem Anliegen verknüpft. Diese Verknüpfung geht sehr schnell und entzieht sich der bewußten Kontrolle. So können unbemerkt Einstellungen gesät werden, die ebenfalls unbemerkt wachsen und blühen.[4]

Ihre Worte fallen auf fruchtbaren Boden bei Ihrem Gegenüber, sofern Sie ihm Nachteile ersparen oder Vorteile in Aussicht stellen. Sie können den Boden dafür bereiten, indem Sie die positiven Einstellungen und Verhaltensweisen mit Ihrer Person in der Scheinantwort verbinden.

---

[4] Häufig werden derartige Verkettungen in der Werbung genutzt, um die Verbraucher zugunsten des Produzenten zu beeinflussen. Hier wird Gesundheit mit Margarine verkettet, Angst vor dem Zahnarzt mit einer Zahncreme oder ewige Jugend mit Pillchen oder Tröpfchen. Die unbewußte Verarbeitung der Informationen gibt uns gar nicht die Chance zu rationalem Abwägen. Wir merken es meist erst, wenn wir etwas kaufen und eigentlich nicht wissen, warum. Diese Verkettung beeinflußt Verhalten, selbst wenn sie inhaltlich vom Gegenüber nicht geteilt werden sollte!

Sie brauchen inhaltlich nicht Stellung zu nehmen.
Der unter a) beschriebene Effekt führt noch zu einer anderen Verknüpfung. Nehmen wir an, Sie haben sich den Ruf eines Fachmanns oder einer Fachfrau in Steuerfragen erworben, das heißt, es gibt die Verkettung zwischen Ihnen und der Vorstellung „Fachmann/Fachfrau" in den Köpfen anderer Menschen. Daß diese Verkettung nur für den Bereich Steuern gilt, gerät häufig in Vergessenheit. Folglich erwartet man von Ihnen auch Kompetenz bei anderen Themen. Damit werden Sie (manchmal) überfordert sein, können es aber nicht zugeben, weil darunter ebenfalls Ihr Ruf in Steuerfragen leiden würde. In diesen Fällen können Sie mit der Scheinantwort den Kopf aus der Schlinge ziehen.
Freilich, wünschenswert wäre eine ehrliche Antwort im Sinne von: „Keine Ahnung, meine Damen und Herren von der Presse." Überall, wo Sie mit den Konsequenzen dieser Aussage leben können, sollten Sie wahrheitsgemäß Ihre Wissenslücken zugeben. Sie wirken dadurch menschlich, sympathisch und sind dazu auch noch ehrlich.

Sie gewinnen Zeit.
Um so mehr, je weitschweifiger Sie antworten. Vorsicht: Möglicherweise stehlen Sie damit dem Gegenüber seine Zeit. Sollte er unter zeitlichem Druck stehen oder zielorientiert handeln wollen, löst weitschweifiges Gelaber schnell Frustration aus. Das Gegenüber kann auf die Technik aggressiv reagieren.

Sie können Gespräche steuern.
Durch weitschweifige Aussagen werden oft Reize gesendet, die das Gegenüber dazu bringen, seine ursprüngliche Intention zu vergessen. Kennen Sie Ihren Partner sehr genau, können Sie diese Reizworte gezielt senden und so Gespräche fast unmerklich steuern. Versuchen Sie dem Partner Gesprächsangebote zu machen, die ihn auf ein anderes (wichtigeres) Thema bringen.

Gefahren „Scheinantwort + Weitersprechen"

„Scheinantwort + Weitersprechen" birgt jedoch auch schwerwiegende Gefahren. Sie leisten inhaltlich kaum etwas, und Sie bringen das ursprüngliche Thema nicht weiter, blockieren es sogar. Sie setzen sich der Kritik aus, zwar viel zu reden, aber ohne etwas zu sagen. Ein Etikett, das vielen Menschen anhaftet und dem Ruf schadet. Treiben Sie es nicht zu weit! Knapp am Thema vorbei ist auch daneben! Sie sinken in der Gunst des Publikums oder des Prüfers, in den Augen der Vorgesetzten, der Mitarbeiter oder auf dem Politbarometer. Sachkompetenz ist glücklicherweise noch nicht ganz aus der Mode.
Eine weitere Gefahr, die durch Scheinantworten ausgelöst werden kann, belastet ebenfalls die Beziehung zum anderen. Bei ergebnisorientierten Menschen oder, wenn Zeitdruck besteht, machen Scheinantworten wütend und aggressiv. Denn für den Partner läuft die Sanduhr, er kann geradezu sehen, wie die Zeit verrinnt und hört unnützes Gerede. Diese Situation verschlechtert Beziehungen rapide. Achten Sie deshalb bei Scheinantworten auf Signale, die die Aggression des Partners anzeigen (Distanzvergrößerung, Wegnahme des Blickkontakts, Partner fällt ins Wort).

Erfahrungen aus der Praxis

Wenn Sie ausweichend antworten wollen, kommt es darauf an, daß Sie nach der scheinbaren Beantwortung weitersprechen. Füttern Sie den Frager gezielt mit Informationen. Das verringert die Gefahr, daß er nachhakt und seine Frage noch mal wiederholt.
Dennoch kann der Frager nachfassen, er kann versuchen, Sie in die Enge zu treiben. Sollte das passieren, so haben Sie drei verschiedene Reaktionsmöglichkeiten:

- Sie können noch einmal die Technik „Scheinantwort + Weitersprechen" anwenden.
- Sie können auf einen späteren Zeitpunkt oder eine andere Person verschieben: „Lassen Sie uns diesen Punkt nach der Sitzung klären."

- Sie können die Antwort begründet ablehnen: „Weil ich über die Sache jetzt noch nicht sprechen kann, werde ich zu Ihrer Frage nichts sagen."

Wer „Scheinantwort + Weitersprechen" partner- und zielorientiert einsetzt, kann unangenehmen Antworten ausweichen und sich trotzdem auf der Beziehungsebene ein positives Verhältnis erhalten.

Wenn Ihnen gegenüber die Technik „Scheinantwort + Weitersprechen" angewandt wird, führen Sie den Partner zum Thema zurück. Dazu gibt es sehr wirkungsvolle Strategien. Mit einer Ich-Aussage machen Sie die Situation zu Ihrem Problem, bei dessen Lösung Ihnen der Gesprächspartner helfen kann: „Ich habe jetzt Schwierigkeiten, den Zusammenhang zu der ursprünglichen Frage herzustellen." Sollte Ihnen dieses Vorgehen zu defensiv sein, machen Sie die Situation zum Problem des Gegenübers: „Was hat Ihre Antwort mit der Frage zu tun? (Pause)" Sie wirken zusätzlich sehr souverän, wenn Sie eine lange Antwort Ihres Partners kurz zusammenfassen und anschließend die ursprüngliche Frage wiederholen.

Führen Sie diese Technik am Anfang eines Interviews oder einer Verhandlung verhältnismäßig hart ein, lernt Ihr Gegenüber, daß er aufpassen muß. Er wird genauer an der Fragestellung antworten.

Trainieren Sie selbst!

Beim Training sollten Sie sich anfangs fragen, wie die gewünschte Antwort auf eine Frage lautet. Geben Sie danach eine Antwort, die die Kerninformationen vorenthält. Achten Sie darauf, wie Ihr Gegenüber auf Ihre Verhaltensweise reagiert.

Wird Ihre Scheinantwort widerspruchsfrei akzeptiert, wählen Sie beim nächsten Mal eine Antwort, die noch weniger erwartete Informationen enthält.

Reagiert Ihr Gesprächspartner dagegen mit: „Was hat Ihre Antwort mit der Frage zu tun?", dann sollten Sie den Bezug erklären können. Außerdem wenden Sie demnächst die Technik etwas vorsichtiger an.

7) Die Definition

Sie lernen in diesem Abschnitt das Definieren kennen. Lernen Sie, die gezielte Erklärung von Begriffen vorteilhaft einzusetzen.

Wir werden Ihnen die Definition als Technik der Schlagfertigkeit vorstellen. Denn: Wer schlagfertig sein will, muß in kurzen, präzisen Worten sagen können, worüber er oder sie spricht.

Wie wird's gemacht?

Definitionen werden immer als Relativsatz konstruiert. Folgende dreischrittige Vorgehensweise liegt jedem Definitionsversuch zugrunde:

- Bestimmen Sie zunächst den Begriff, den Sie definieren wollen.
- Dann wird die Obermenge des zu definierenden Begriffs gesucht.
- Schließlich grenzen Sie den zu definierenden Begriff positiv von der Obermenge ab.

Folgenden Bauplan können Sie verwenden, um zu einer Definition zu gelangen:

Bauplan Definition:
Ein [zu definierender Begriff] ist [unbestimmter Artikel] [Obermenge], [Relativpronomen] [positive abgrenzende Eigenschaft].

Definieren wir als Beispiel den Begriff „Rhetoriker“:

Erste Möglichkeit: Ein Rhetoriker ist ein Mensch, der seine Sprache überzeugend einsetzt.

Zweite Möglichkeit: Ein Rhetoriker ist ein Mensch, der anderen mit hinterhältigen Tricks seine Meinung aufzwingt.

An diesen Beispielen wird schon deutlich, wie groß der Gestaltungsspielraum ist, den diese Technik bietet.

Sieht schwieriger aus, als es ist. Mit etwas Training ist das Definieren leicht zu erlernen. Nutzen Sie folgende Fragen, um möglichst spontan zu definieren:

- Welchen Begriff möchte ich definieren?
- Wie lautet die Obermenge zu diesem Begriff?

- Welche positive Eigenschaft grenzt den zu definierenden Begriff von anderen Elementen der Obermenge ab?
- Wie lassen sich die Elemente in den Bauplan einfügen?

Um zu geeigneten Definitionen zu gelangen, beachten Sie folgende vier Regeln:

Bilden Sie keinen Zirkel.
Eine Definition ist dann zirkulär, wenn der zu definierende Begriff erneut zur Abgrenzung des Begriffs im Relativsatz verwandt wird. Ein Beispiel für eine zirkuläre Definition ist die Formulierung: „Ein Rhetoriker ist ein Mensch, der die Kunst der Rhetorik einsetzt.“ Diese Definition nützt uns wenig, da der Wortstamm des zu definierenden Begriffs (Rhetoriker) in dem ausgrenzenden Teil der Definition nochmals verwendet wird (Kunst der Rhetorik).
Der Definitionsgegenstand darf also im Relativsatz selbst nicht mehr vorkommen.

Definieren Sie Begriffe möglichst nahe am allgemeinen Sprachgebrauch.
Wir haben bereits gesehen, daß beim Definieren sprachlicher Spielraum vorhanden ist. Nutzen Sie diesen zu möglichst verständlichen Begriffsbestimmungen. Orientieren Sie sich dabei am Adressatenkreis und Ihrer Zielsetzung. Ihre Definition ist dann wirkungsvoll und überzeugend, wenn sie zwar überraschend ist, aber vom Gesprächspartner noch unwidersprochen akzeptiert werden kann. Einen Rhetoriker beispielsweise als einen Menschen

zu definieren, der in der Eisenbahn Fahrkarten kontrolliert, wird auf Unverständnis stoßen, selbst wenn der Schaffner spricht. Dieser Definitionsversuch würde zu weit wegführen von dem Wortfeld: Redner, Demagoge, Dozent, Politiker, Wortführer, Vortragender, Prediger oder Referent. Definieren Sie so, daß Ihr Gesprächspartner verstehen und zustimmen kann.

Beispiele und Bilder haben in Definitionen nichts verloren.
Eine Definition soll die Bedeutung eines Begriffs bestimmen, ohne daß Beispiele oder Metaphern verwendet werden.
Definieren durch ein Beispiel: „Ein Rhetoriker ist ein Mensch, der Sprache so einsetzt, wie Cicero es tat." Der Definitionsversuch enthält Cicero als Beispiel und ist deshalb unbrauchbar. Zwar wird gesagt, daß Cicero ein Rhetoriker war, doch uns bleibt schleierhaft, welche Eigenschaften einen Rhetoriker ausmachen.
Definieren durch ein Bild: „Ein Rhetoriker ist ein Mensch, aus dem die Worte sprudeln wie aus einer nimmer versiegenden Quelle." Die Metapher der „nimmer versiegenden Quelle" regt zwar unsere Assoziationen an, bleibt jedoch schwammig. Der Relativsatz hat keinen konkreten Bezug zur Obermenge und ist daher unbrauchbar.

Eine Definition sollte geeignet sein.
Geeignet sind Definitionen immer dann, wenn die Begriffsbestimmung den zu definierenden Begriff für alle Beteiligten hinreichend klärt. Dabei sollte nie behauptet werden, eine Definition sei wahr, denn Definitionen stellen lediglich Konventionen (Vereinbarungen über die Bedeutung eines Begriffes) dar.
Häufig entzünden sich an unterschiedlichen Definitionen Konflikte. Seien Sie deshalb gegenüber anderen Definitionen tolerant.

Beispiele

Einwand:	„Sie handeln wenig überlegt.“
Definition:	„‘Wenig überlegt handeln’ ist eine Verhaltensweise, die natürlicher Spontanität genügend Raum läßt.“
wertender Zusatz:	„Es ist also eine Verhaltensweise, die auf meine Umwelt positiv wirkt.“

Einwand:	„Sie sind nicht schlagfertig.“
Definition:	„'Schlagfertig' ist eine Eigenschaft eines Menschen, die es ihm erlaubt, abgestimmt auf Situation und Partner zu reagieren.“
wertender Zusatz:	„Diese Eigenschaft wird viel zu wenig gepflegt.“

Würzen Sie Ihre Definitionen durch eine wertende Aussage, die Ihre Reaktion abrundet. Die Äußerung wird dadurch noch überraschender und ungewöhnlicher.

Vorteile der Technik Definition

- Die Gesprächspartner verstehen sich besser, wenn sie wissen, auf welchen begrifflichen Grundlagen eine Meinung aufbaut. Ziel der Definition als Technik der Schlagfertigkeit ist es, auf gemeinsamer begrifflicher Grundlage rationalen Konsens zu schaffen. In unterschiedlicher Begrifflichkeit wurzelnde Konflikte können durch geschicktes Definieren gelöst werden.
- Mit der Definition wirken Sie sachlich, auch wenn der Angreifer ausfallend werden sollte.
- Sie wirken vernünftig und gebildet, und Ihre Worte wirken durchdacht.
- In Einwand- oder Angriffssituationen wird mit der Definition ein sehr sachlicher Weg gewählt. Ziel ist es, dadurch Sachlichkeit in die Auseinandersetzung zurückzubringen.

Gefahren der Technik Definition

- Definieren Sie sehr häufig, wirken Sie distanziert, wissenschaftlich und kühl. Dieser Eindruck ist in vielen Situationen des Lebens jedoch unangebracht. Wer freudestrahlend in die Kneipe zieht, um Definition zu üben, wird sehr bald lustlos und alleine an seinem Bier nippen. Wollen Sie Menschen begeistern, überzeugen und gewinnen, sollten Sie auf Definition verzichten.
- Sie überfordern Ihren Gesprächspartner leicht mit der Definition. Diese Gefahr ist besonders groß, wenn Sie ein sprachliches Niveau wählen, das für den Partner ungewohnt oder zu schwierig ist.

Erfahrungen aus der Praxis

In unseren Seminaren lassen wir manchmal gängige Begriffe definieren. Beispielsweise könnte der Begriff „Verantwortung" definiert werden. Es ergibt sich dann häufig, daß viele verschiedene Definitionen genannt werden. Dies zeigt, wie gefährlich es ist, davon auszugehen, daß andere Menschen Begriffe so definieren wie man selber.

Stellen Sie deshalb bei Ihren Definitionen sicher, daß von derselben Sache gesprochen wird, indem Sie die Begriffe gegenseitig abstimmen. Sie verringern so Konflikte, Mißverständnisse, Zeitverlust und Einwände.

Viele Menschen sind anfangs überfordert, wenn sie ihre Begriffe definieren sollen. Dies ist eine Erfahrung aus vielen Veranstaltungen. Wer seine Begriffe selbst nicht definieren kann, ist äußerst empfänglich für entsprechende Vorgaben von außen. Damit kann ein schlagfertiger Gesprächspartner die inhaltlichen Lücken seines Gegenübers für sich günstig füllen.

Bevorzugen Sie möglichst kurze Definitionen, auch wenn diese die strengen Regeln des Definierens nicht vollständig erfüllen. Entscheidend ist, daß Sie den Einwand oder Angriff des Gesprächspartners in Ihrem eigenen Sinne deuten.

Trainieren Sie selbst!

Definitionen trainieren Sie am besten, wenn Sie Begriffe nach dem vorgestellten Bauplan sprachlich fassen. Wählen Sie möglichst passende Obermengen, und grenzen Sie den zu definierenden Begriff aus, bis Sie es spontan können. Nutzen Sie die Trainingsbeispiele, die das Lernprogramm am Ende des Buches enthält.

8) Die Umdefinition

Mit dieser Technik können Sie gezielt die Worte des Gegenübers mit neuen Inhalten füllen. Lernen Sie, durch Uminterpretation von Angriffen oder Einwänden Vorteile in Gesprächen zu gewinnen.

Die Umdefinition ist eine der Basistechniken zu humorvoller Schlagfertigkeit. Wählen Sie frische, spritzige und lustige Formulierungen aus, und Ihre Äußerungen werden mit der Umdefinition herzerfrischend schlagfertig.

Wie wird's gemacht?

Die Umdefinition ist ein Instrument in der Schlagfertigkeit, das es ermöglicht, bei böse gemeinten Unterstellungen oder Beleidigungen durch gezieltes Mißverstehen eine gute Figur zu machen. Mit dieser Technik können Sie den großen Spielraum nutzen, in dem Aussagen interpretiert werden können. Beispiel:

Angriff:	„Sie sind ein Clown."
Umdefinition:	„Wenn Sie unter 'Clown' einen Menschen verstehen, der von allen Menschen geliebt wird, dann freue ich mich sehr, daß Sie mich so einschätzen."

Sprachlich umgesetzt wird diese Basistechnik der Schlagfertigkeit durch folgenden Bauplan:

Bauplan Umdefinition:
„Wenn Sie unter [umzudefinierender Begriff] [bestimmter oder unbestimmter Artikel] [Obermenge] verstehen, [Relativpronomen] [Umdefinition], dann [positive Darstellung der eigenen Person oder des eigenen Handelns].“

In der praktischen Anwendung hat sich die etwas verkürzte Form bewährt. Sie ist deutlich geschmeidiger anzuwenden und gibt damit der Behandlung des Angriffes oder Einwandes mehr Pfiff.

Bauplan Umdefinition (Kurzfassung):
„Wenn Sie unter [Teil der Aussage des Gesprächspartners] verstehen, daß [Umdefinition in Ihrem Sinn], dann [positive Darstellung der eigenen Person oder des eigenen Handelns].“

Beispiele

Folgende Einwandsituationen sollen als Beispiele dienen:

Einwand:	„Diese Technik ist mir zu kompliziert.“
Umdefinition:	„Wenn Sie unter 'kompliziert' die Eigenschaft einer Technik verstehen, die sie nur Eingeweihten zugänglich macht, dann bietet Ihnen dieses Buch die Chance, in den magischen Kreis der Wissenden aufgenommen zu werden.“
Umdefinition (Kurzform):	„Wenn Sie unter 'zu kompliziert' verstehen, daß Sie sich durch diese Technik intellektuell herausgefordert fühlen, dann haben Sie recht.“

Einwand:	„Sie sind nicht schlagfertig."
Umdefinition:	„Wenn Sie unter 'schlagfertig' die Eigenschaft eines Menschen verstehen, die es ihm erlaubt, angemessen zu reagieren, dann bin ich jemand, der seine Worte an der Situation und am Gesprächspartner orientiert und damit schlagfertig ist."
Umdefinition (Kurzform):	„Wenn Sie unter 'nicht schlagfertig' verstehen, daß ich durchdacht spreche, dann umgehe ich damit Fettnäpfchen."

Angriff:	„Sie klebriger Kröterich!"
Umdefinition:	„Wenn Sie unter 'Kröterich' ein Lebewesen verstehen, das für Ordnung sorgt und das für die Ökologie eine entscheidende Rolle spielt, dann ist es in Ordnung, mich mit einem Kröterich zu vergleichen. Ich nehme meine Kontrollaufgaben und Ausgleichsfunktionen sehr gewissenhaft wahr."
Umdefinition (Kurzform):	„Wenn 'Kröterich' ein Lebewesen ist, das gegen den Strom schwimmen kann, wenn's sein muß, dann trifft Ihr Vergleich zu."

Angriff:	„Sie Buddha."
Umdefinition:	„Wenn 'Buddha' für Sie ein Mann ist, der durch seine Weisheit weit über die Grenzen seines Landes bekannt wurde, dann ehrt mich dieser Vergleich sehr."
Umdefinition (Kurzform):	„Wenn 'Buddha' für Sie ein Mann ist, der durch seine Weisheit bekannt wurde, dann ehrt mich das sehr."

Vorteile der Technik Umdefinieren

- Angriffe und Einwände können mit dieser Technik auf ungewöhnliche Weise abgewehrt werden. Sie eröffnen sowohl Ihrem Publikum als auch einem Gesprächspartner neue Blickwinkel. Dabei sollten humorvolle und positive Formulierungen bezüglich des eigenen Handelns oder der eigenen Person immer Vorrang haben vor der Herabsetzung des Angreifers.
- Humorvolle Umdefinitionen setzen charmant schachmatt.
- Sie können mit der Umdefinition partner- und situationsorientiert reagieren. Von knallhart bis butterweich steht Ihnen ein breites Repertoire zur Verfügung.
- Da die Umdefinition auf einem sehr großen aktiven Wortschatz fußt und mit etwas Training leicht spontan formuliert werden kann, wirkt der Sprecher sprachgewandt, schlagfertig und sachlich sattelfest.

Gefahren der Technik Umdefinieren

Oft wird die „positive Darstellung der eigenen Person oder des eigenen Handelns“ abgewandelt in „negative Darstellung des Einwenders oder Angreifers oder des fremden Handelns“. Dadurch werden die Behandlungen der Angriffe oft gefährlich hart. Sie wirken negativ auf der Beziehungsebene nach.

Erfahrungen aus der Praxis

Sie können die Bedeutung der Aussage Ihres Gegenübers leicht verschieben und so umdefinieren, wenn Sie den Bogen nicht überspannen. Ihre Umdefinitionen werden dann kaum in Frage gestellt.
Berücksichtigen Sie bei der Anwendung dennoch, daß die Umdefinition möglicherweise abgelehnt werden kann. Falls der Gesprächspartner Ihre Umdefinition nicht akzeptiert, wird eine Diskussion um das richtige Begriffsverständnis stattfinden. Seien Sie in solchen Fällen tolerant und großzügig.

Umdefinitionen werden in der Praxis oft angewandt, um verbale Kinnhaken zu verteilen. Das Gegenüber und seine Sache werden negativ dargestellt oder gar verteufelt. Folgende Äußerung ist dafür ein Beispiel:

Aussage:	„Das habe ich nicht verstanden."
Umdefinition:	„Wenn Sie unter 'nicht verstehen' Ihre mangelnde Lernfähigkeit fassen, dann liegt das an Ihrer sehr begrenzten Intelligenz."

So wird entgegengebrachtes Vertrauen mit Füßen getreten. Solche Reaktionen erschweren wirkliches Miteinander, machen es vielleicht unmöglich. Deshalb definieren Sie immer positiv um. In unserem Beispiel:

Umdefinition:	„Wenn Sie mit 'nicht verstehen' meinen, daß wir gleich eine kleine Pause machen sollten, in der die noch offenen Fragen geklärt werden können, dann bitte ich noch um zwei Minuten Geduld."

Trainieren Sie selbst!

In Seminaren trainieren wir die Umdefinition mit einem Spiel, das Sie sehr gut mit Bekannten und Freunden oder auch alleine spielen können. Wir haben dieses Angriffsspiel Froschkönig genannt. Es werden Angriffe formuliert, die Teilnehmerinnen und Teilnehmer haben die Aufgabe, den Angriff umzudefinieren. Beispiel:

Angriff:	„Du Froschkönig."
Umdefinition:	„Wenn 'Froschkönig' für Dich bedeutet, daß ich eine Krone tragen sollte, dann ist das meinem Leistungsvermögen angemessen."

Umdefinition:	„Wenn ‘Froschkönig’ für Dich bedeutet, daß ich alle in den Brunnen gefallenen Sachen für Dich heraufhole, dann bezahle mich fürstlich, oder verlasse Dich nicht darauf.“

Umdefinition:	„Wenn ‘Froschkönig’ für Dich bedeutet, daß ich von Dir geküßt werden möchte, dann versuche doch Dein Glück.“

Trainieren Sie mit allen Ihrer Phantasie entspringenden Begriffen, zum Beispiel: Du Kabeltrommel, Du Taschenrechner, Du Zigarette, Du Hundehäufchen, Du Ordner, Du Backstube, etc. Neben dem Training der Technik werden Sie durch diese Übungen erheblich kreativer und spontaner. Außerdem erweitern Sie durch die ungewöhnlichen Assoziationen den Wortschatz. Sie drücken sich variabler aus. Das Lernprogramm am Ende des Buches enthält zu dieser Technik ebenfalls viele Übungen.

Definition und Umdefinition schälen sich mehr und mehr als Basisinstrumente aus den anderen Schlagfertigkeitstechniken heraus. Hier liegt einer der Schlüssel zu humorvoller Spontanität.

9) Einwand gleich Fundament

In diesem Kapitel lernen Sie eine vorteilhafte Alternative zur veralteten „Ja, aber“-Technik kennen. Statt die Menschen zu frustrieren, erfahren Sie, wie sich Menschen angenommen fühlen.

Die Technik „Einwand gleich Fundament“ ist aus der „Ja, aber“-Technik, einer alten Verkaufstechnik der sechziger Jahre, entwikkelt worden. Damals wurde Verkäufern empfohlen, auf Einwände des Kunden mit „Ja, aber ...“ zu reagieren und dann anschließend eine x-beliebige positive Eigenschaft des Produktes zu nennen.

Man nahm an, daß ein fachlich kompetenter Verkäufer den vorgebrachten Einwänden Fachwissen entgegensetzen könne und so den Kunden schließlich überzeugen würde. Werden die Einwände des Kunden jedoch permanent widerlegt, fühlt sich der Kunde mit seinen Bedenken nicht angenommen. Deshalb ist die „Ja, aber"-Technik von großem Nachteil.
Trotz vieler Nachteile ist diese Technik sehr verbreitet. Deshalb wird zunächst die „Ja, aber"-Technik eingeführt werden. Im Anschluß daran wird die Technik „Einwand gleich Fundament" als Alternative dargestellt.

Die „Ja, aber"-Technik

Ein Beispiel aus einem Verkaufsgespräch wird Ihnen die Wirkung der „Ja, aber"-Technik vor Augen führen.
Ein Kunde wendet gegen ein Fahrzeug ein:

Kunde:	„Dieser Motor verbraucht zuviel."
Verkäufer:	„Ja, aber dafür ist dieses Modell serienmäßig mit Sportsitzen ausgestattet."

Die durch das „Ja" ausgedrückte Zustimmung soll den Gesprächspartner wohlwollend stimmen, das Gegenargument des Verkäufers weicher einbetten. Das Gegenteil wird jedoch erreicht, denn die Zustimmung ist nur vordergründig. Der Kunde fühlt sich nur vorläufig verstanden und gut behandelt, denn bereits ein Wort später platzt die Bombe, und die vermeintliche Zustimmung entpuppt sich bereits als Lüge. Er fühlt sich schlecht behandelt und verliert das Vertrauen in seinen Gesprächspartner. Der Widerspruch, der durch das „aber" signalisiert wird, entwertet die ursprüngliche Übereinstimmung und erzeugt dadurch um so schlechtere Gefühle beim Gegenüber.

Die „Ja, aber"-Technik birgt zahlreiche zusätzliche Gefahren:

- Sie führt häufig zu unlogischen Einwandbehandlungen, da oft versucht wird, Äpfel mit Birnen zu entkräften (meist natürlich vergebens).
- Diese Technik wirkt verwirrend. „Ja, aber" sagt nichts anderes als: „Ja, ich stimme Dir zu, aber, was Du sagst, ist falsch." oder „Ja richtig, aber doch Unfug." Der Einwender wird innerhalb kürzester Zeit mit Zustimmung und Ablehnung konfrontiert. Damit verunsichert diese Technik die Beziehung zwischen den Beteiligten.
- Wird die „Ja, aber"-Technik verstärkt eingesetzt, ist häufig eine sehr deutlich ablehnende Körpersprache festzustellen. Der Gesprächspartner zuckt sichtbar zusammen. Die Arme werden verschränkt, die räumliche Distanz zwischen den Gesprächspartnern wächst, der Blickkontakt wird eingeschränkt oder sogar ganz weggenommen. Für zwischenmenschliche Beziehungen sind solche Erfahrungen nachteilig, gefährlich und gelegentlich sogar tödlich. Die „Ja, aber"-Technik kann sich dauerhaft angewandt zu einem regelrechten Beziehungs-Killer auswachsen.
- Der Einwand des Kunden wird nicht aus dem Weg geräumt, sondern bleibt weiterhin gültig bestehen. Statt den Einwand argumentativ zu behandeln, wird ihm einfach ein anderer Fakt entgegengestellt.
- Viele Menschen reagieren auf die „Ja, aber"-Technik selber mit „Ja, aber". Die Nachteile schaukeln sich auf, getreu dem Motto: „Wenn Du mir ´ne Ohrfeige gibst, fängst Du Dir auch eine."

Einzig vorteilhaft ist, daß dem Anwender dieser Technik nach und nach die Gesprächspartner ausgehen. Er hat viel Zeit für sich, kann tun und lassen, was er will, und braucht wenig Rücksichten zu nehmen.

Diese Einwandbehandlung widerspricht häufig dem Einspruch und verursacht dadurch schlechte Gefühle beim Einwender. Häufig lassen widerlegte Bedenken den Partner dann selbst widersprechen, denn einige Tropfen Herzblut des Partners fließen in jedem seiner Einwände. Ziel der Schlagfertigkeitstechnik „Einwand gleich Fundament“ ist es, auf dem Einspruch des anderen aufzubauen. Diese Technik zielt darauf ab, den widersprechenden Charakter der Einwandbehandlung zu dämpfen.

Wie wird's gemacht?

Die Technik „Einwand gleich Fundament“ ersetzt das „Ja, aber“ am Anfang des Satzes. Mögliche Eingangsformulierungen für „Einwand gleich Fundament“ sind:

- „Gerade das ist der Grund für ...“
- „Gerade daran ...“
- „Gerade deshalb ...“
- „Gerade deswegen ...“
- „Genau deshalb ...“
- „Deshalb ...“
- „Deswegen ...“

Einwand:	„Das ist sehr teuer.“
statt:	„Ja, aber dafür ist die Verarbeitung sehr hochwertig.“
Einwand gleich Fundament:	„Gerade deshalb ist die Verarbeitung sehr hoch wertig.“

Einwand:	„Sie sind schon wieder unpünktlich.“
statt:	„Ja, aber ich stand im Stau.“
Einwand gleich Fundament:	„Gerade deshalb möchte ich jetzt keine Zeit verlieren und sofort zur Sache kommen.“

Einwand:	„Sie hätten ja auch mal den Mund aufmachen können."
statt:	„Ja, aber dafür gab es keine richtige Gelegenheit."
Einwand gleich Fundament:	„Gerade das ist wohl der Grund dafür, daß ich ausnahmsweise an der Sitzung teilnehmen sollte."

Beispiele

In unserem Beispiel aus einem Autohaus würden sich durch den Einsatz von „Einwand gleich Fundament" vielleicht folgende Reaktionen des Verkäufers ergeben:

Kunde:	„Dieser Motor verbraucht zuviel."
Verkäufer:	„Gerade deswegen gibt es dieses Fahrzeug auch mit einem sparsamen Dieselmotor."

oder

Verkäufer:	„Gerade deshalb gibt es dieses Modell mit einem wirtschaftlichen 5-Gang-Getriebe. So können Sie durch reduzierte Drehzahlen im oberen Geschwindigkeitsbereich den Verbauch senken."

Dem Einwand wird nicht widersprochen. Der Einwand des Kunden bildet das Fundament für die Darstellung des Verkäufers.

Auch in einer Angriffssituation läßt sich diese Technik hervorragend nutzen, um langen Diskussionen zu entgehen:

Einwand:	„Sie kommen dreißig Minuten zu spät zur Sitzung.“
Technik:	„Gerade deshalb lassen Sie uns sofort anfangen.“

Einwand:	„Sie haben eine schlechte Zahlungsmoral.“
Technik:	„Aus diesem Grunde haben wir den Finanzierungspartner gewechselt.“

Einwand:	„Die Polstergarnitur ist sehr teuer.“
Technik:	„Gerade deshalb ist sie hochwertig verarbeitet und nur aus sehr edlen Materialien gefertigt.“

Einwand:	„Das haben Sie letzte Woche aber noch ganz anders gesagt.“
Technik:	„Gerade daran sehen Sie, daß sich die Sachlage geändert haben muß.“

Einwand:	„Sie sind zu unerfahren.“
Technik:	„Gerade deshalb kann ich die Sache unvoreingenommen prüfen und mir ein objektives Urteil bilden.“

Vorteile „Einwand gleich Fundament“

- Sie verzichten auf eine widerlegende Behandlung des Einwands oder Angriffs. Dadurch ersparen Sie dem anderen das Gefühl, unrecht zu haben. Die Einwandbehandlung umgeht die rechthaberische oder belehrende Wirkung der Reaktion.
- Auf dem Einwand wird aufgebaut, indem Sie dem Partner einen neuen Blickwinkel auf den Sachverhalt zeigen. Er kann lernen, daß es beispielsweise auch positive Konsequenzen gibt.
- Die neu kennengelernten, positiven Konsequenzen berücksichtigt der Einwender bei seiner Meinungsbildung und bewertet dadurch automatisch die Sachlage anders. Wählen Sie die Einwandbehandlung so schlagfertig, daß der Partner eine für Sie günstige Meinungsbildung vollzieht.

Gefahren „Einwand gleich Fundament"

- Alle so behandelten Einwände bleiben weiterhin relevant. Kein Einwand ist je durch „Einwand gleich Fundament" vollkommen widerlegt worden.
- Wenn Sie Ihrem Gegenüber dauernd neue Blickwinkel eröffnen, zeigen Sie ihm, daß Sie ihn kommunikativ und fachlich in die Tasche stecken können. Ihr Gesprächspartner erlebt seine Unterlegenheit im Umgang mit Ihnen. Wenn Sie diese Technik zu häufig einsetzen, kommt sich der Partner belehrt vor. Achten Sie deshalb auf distanzierende Körpersprache des Partners.

Erfahrungen aus der Praxis

„Einwand gleich Fundament" ist sanft zu den Menschen und eröffnet für die Sache neue Horizonte. Sie bleiben sachlich, selbst wenn der Einwender enorm unter Dampf steht.
Es gibt jedoch Angriffe, denen Sie deutlich widersprechen sollten. Beispielsweise sollten Sie Angriffe, die unter die Gürtellinie gehen, mit anderen Techniken behandeln, denn Sie verzichten andernfalls auf Widerspruch. Folgende Angriffe können zum Beispiel mit „Einwand gleich Fundament" nicht schlagfertig behandeln:

- „Sie gehen doch fremd!"
- „Sie betrügen das Finanzamt!"
- „In Ihren Betrieben werden arbeitsrechtliche Vorschriften mit Füßen getreten!"
- „Sie sind fachlich eine Niete!"
- „Sie sind nicht leistungsfähig genug!"

Wir wünschen Ihnen, daß Sie mit solchen Einwänden weder zu Recht noch zu Unrecht angegriffen werden. Sollten Sie dennoch derartige Situationen erleben, greifen Sie auf die anderen Techniken dieses Buches zurück. Sie könnten beispielsweise argumentieren, umdefinieren oder begründen, warum Sie auf so niveaulose Angriffe nicht reagieren.

Trainieren Sie selbst!

Viele Menschen kommen durch Einwände automatisch in eine Verteidigungshaltung, weil sie glauben, ihre Position oder ihre Haltung vor dem Einwender rechtfertigen zu müssen. Wer sich schroff und rechthaberisch zur Wehr setzt, schürt unnötige Opposition und ruft konfliktträchtig Gegner auf den Plan. Für das schlagfertige Spiel mit der Sprache ist zwischen Kriegsgeschrei und Säbelrasseln jedoch kein Platz mehr. Der erste Lernschritt ist deshalb, daß einem Einwand nicht grundsätzlich widersprochen werden muß. Bauen Sie auf den Einwänden auf, indem Sie den Horizont Ihrer Umgebung erweitern. Damit nutzen Sie die Chance, für Ihre Worte Verständnis zu wecken, und machen aus Gegnern Gefolgsleute.

Wollen Sie den Einwand Ihres Gesprächspartners zum Fundament Ihrer Einwandbehandlung machen, stellen Sie sich die Frage, welche Möglichkeiten durch diesen berechtigten Einwand für den Gesprächspartner eröffnet werden. Beispielsweise sagt ein Einwender aus Ihrem Publikum:

Einwand:	„Sie sind schlecht vorbereitet!“

- Sie könnten sich zunächst fragen, was schlechte Vorbereitung bedeutet. Sie haben vielleicht wenig Zeit zur Vorbereitung gebraucht, weil Sie den Stoff beherrschen.

Technik:	„Gerade daran sehen Sie, daß, wer den Stoff beherrscht, wenig Zeit zur Vorbereitung braucht.“

- Sie könnten sich fragen, welchen Vorteile geringe Vorbereitung für Ihr Publikum bringt. Sie lassen dem Publikum dadurch Spielraum, um durch die Diskussion eigener Erfahrungen den Vortrag praktischer und nützlicher zu machen.

Technik:	„Gerade dadurch haben Sie gestalterischen Spielraum, den Sie nutzen können, um durch eigene praktische Erfahrungen den Vortrag für Sie nützlicher zu machen.“

- Sie könnten sich fragen, wer es sich überhaupt leisten kann, mit wenig Vorbereitung vor sein Publikum zu treten. Sie können sich dies vielleicht leisten, weil Sie rhetorisch vorgebildet sind und frei sprechen können.

Technik:	„Gerade dadurch ermögliche ich es mir, frei zu sprechen und natürlicher zu wirken.“

- Sie könnten sich fragen, warum Sie Unsicherheit bewußt einsetzen müssen. Vielleicht sind Sie so gut, daß Ihre Perfektion unsympathisch wirken würde.

Technik:	„Gerade dadurch vermeide ich Perfektion, stärke damit Ihr Selbstvertrauen und wirke sympathischer.“

Gerade das letzte Beispiel zeigt, daß „Einwand gleich Fundament“ auch überheblich wirken kann. Überzeugen heißt immer, beim Partner ein gutes Gefühl hervorrufen. Stellen Sie deshalb Ziele und Aufgaben so dar, daß sie leicht und mit Freude erreicht werden können. Beispiel:

Einwand:	„Das dauert doch unendlich lange, bis man das kann.“
negativ:	„Gerade deshalb sollten Sie sich auf jahrelanges Training einstellen.“
positiv:	„Gerade deshalb sollten Sie den Spaß gönnen und jeden Tag fünf Minuten trainieren.“

Einwand:	„Mein Lampenfieber bekomme ich nicht in den Griff."
negativ:	„Gerade deshalb sollten Sie sich an dieses Gefühl gewöhnen."
positiv:	„Gerade deshalb lassen Sie uns kurz über die Wege sprechen, Redeangst zu verlieren. Sie trainieren das eben, und dann ist sie weg."

Sorgen Sie für gegenseitige Akzeptanz und eine vertrauensvolle Atmosphäre. Wer Sprache einsetzt, um den Nutzen aller Beteiligten zu steigern, erreicht Überzeugungserfolge wie selbstverständlich. Ersetzen Sie „Ja, aber" durch „Gerade deshalb".

10) Exkurs: Nutzengedanke

Wir werden Ihnen in diesem Exkurs die gedanklichen Grundlagen vermitteln, die Sie benötigen, um die Argumentation, die im darauf folgenden Kapitel behandelt wird, schlagfertig und überzeugend einzusetzen. Wer überzeugen will, muß dem Partner einen Nutzen verschaffen. Menschen werden

- *nur die* Waren kaufen,
- *nur die* Meinungen annehmen,
- *nur die* Handlungen vollziehen,
- *nur die* Menschen in ihrer Nähe haben wollen,

die ihnen einen Nutzen versprechen.

Verschafft man Menschen einen großen Nutzen, werden sie motiviert. In der Regel reicht es sogar aus, den Nutzen nur glaubhaft in Aussicht zu stellen, um Handlungen und Einstellungen eines Menschen zu beeinflussen. Der Nutzen kann sich in allen Bereichen des Lebens einstellen. Der materielle Nutzen in Form von Erlössteigerung oder Kostensenkung liegt klar auf der Hand. Aber der Nutzen kann sich zum Beispiel auch durch Zeitersparnis, Steigerung der Bequemlichkeit, Sicherheit, Gesundheit, Prestige bzw. Anerkennung, Nachahmung, positive Emotionen, Sozialkontakt und das Versprechen ewiger Jugend einstellen.

Um den Überzeugungsprozeß mit unseren Teilnehmerinnen und Teilnehmern genauer analysieren zu können, haben wir ein Modell entwickelt, das aus drei Elementen besteht:

- Verkäufer
- Käufer
- Überzeugungsgegenstand

Wir haben diese aus dem Verkauf stammenden Bezeichnungen gewählt, weil sie die Inhalte sehr treffend beschreiben. Der Verkauf ist ein Bereich, mit dem jede Leserin, jeder Leser als Verkäuferin oder Verkäufer auf der einen Seite und als Käuferin oder Käufer auf der anderen Seite umfassende Erfahrungen gesammelt hat. Der Verkauf ist zudem ein Prozeß, bei dem die Rollen klar verteilt sind. Dadurch eignet sich das Vokabular des Verkaufs hervorragend für diese Modellbetrachtung. So fällt es Ihnen leicht, die Inhalte mit Ihren Erfahrungen zu vergleichen und auf Ihre Praxis zu übertragen.
Wir weisen ausdrücklich darauf hin, daß sich dieses Modell nicht nur auf den Verkauf im eigentlichen Sinne bezieht. Wir haben es deutlich umfassender angelegt. Das Vokabular des Verkaufs wird benutzt, um Überzeugungsprozesse anschaulich zu untersuchen. Im folgenden werden wir die drei Elemente Verkäufer, Käufer und Überzeugungsgegenstand beschreiben:

Verkäufer

Der Verkäufer ist derjenige, der von etwas überzeugen will. Vati ist ein Verkäufer, wenn er durchsetzen möchte, daß Fußball und nicht Volksmusik den Abend gestalten soll. Mutti ist eine Verkäuferin, wenn Urlaub in ihren geliebten Alpen gemacht werden soll und nicht an der See. Verkäufer ist der Filius, wenn er den Eindruck erweckt, daß der Fünfer in Mathe am Lehrer liegt. Verkäufer ist jeder und jede, sofern von der eigenen Meinung oder einer Sache überzeugt werden soll.

Käufer

Der Käufer ist die Person, die vom Verkäufer überzeugt werden soll. Der Käufer kann über Erfolg und Mißerfolg des Verkäufers entscheiden, und er ist die gefragte Person. Viele unserer Leserinnen und Leser wissen, daß sich Märkte von Verkäufer- zu Käufermärkten gewandelt haben, das heißt, bestimmend sind nicht mehr die Produzenten, sondern die Konsumenten mit ihrer Nachfrage.

Wir kaufen viel häufiger, als uns vielleicht bewußt ist. Wir kaufen dem Chef seine Meinung ab, wenn wir zustimmend lächeln. Wir werden bekocht und kaufen das Menü, indem wir reichlich essen und den vorzüglichen Geschmack loben. Wir lassen uns gerne etwas verkaufen, denn als Käufer sind wir umworben, wir erhalten Anerkennung, Sympathie und alle positiven Dinge, die dem Verkäufer einfallen, damit wir kaufen. Der Käufer sitzt oft am längeren Hebel und entscheidet, wo es lang geht.

Überzeugungsgegenstand

Vom Überzeugungsgegenstand wird überzeugt. Der traditionelle Verkauf bezieht sich auf Gegenstände, die ihren Eigentümer gegen Entgelt wechseln. Der Begriff Überzeugungsgegenstand ist hier jedoch ebenfalls deutlich weiter gefaßt. Eine Ware, eine Meinung, eine Handlung - alles kann Gegenstand einer Verhandlung werden:

- Wir wollen einen teuren Computer nur gegen Nachlaß kaufen. (Ware)
- Wir suchen im Verein standfeste Anhänger für eine bestimmte Einstellung bezüglich des Vereinspräsidenten. (Meinung)
- Wir wollen, daß uns eine Freundin auf einem Wochenendtrip in die Schweiz begleitet. (Handlung)
- Wir wollen, daß das liebenswerteste Geschöpf, das auf Gottes Erde wandelt, uns heiratet. (Handlung)
- Wir wollen einen (neuen/besseren) Arbeitsplatz. (Arbeitskraft)
- Wir wollen Aus- und Weiterbildung. (Qualifikation)

Lassen Sie uns den Prozeß, wie Menschen überzeugen, etwas genauer unter die Lupe nehmen. Die drei Bausteine haben wir in groben Zügen dargestellt. Um zu verstehen, wie erfolgreich überzeugt wird, sind die Beziehungen der drei Elemente zueinander wichtig. Schauen wir uns dazu einige Grafiken an. Die drei Elemente des Überzeugungsprozesses sind durch Kreise symbolisiert.

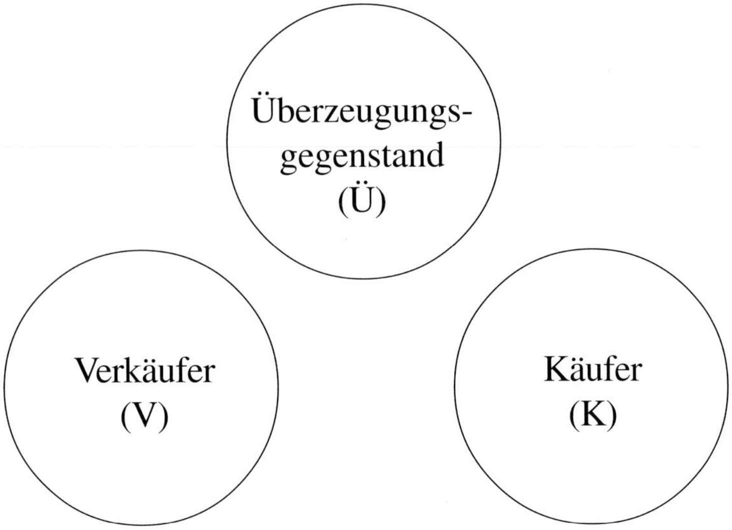

Das Verhältnis des Verkäufers zu seinem Käufer kann nicht wichtig genug eingeschätzt werden. Der Verkäufer muß seinen Käufer so weit als möglich kennen. Je größer die Käuferkenntnis des Verkäufers, desto mehr Möglichkeiten stehen ihm offen. Möglichst viele Informationen sollte der Verkäufer speichern, gerade auch persönliche Dinge. Durch besondere Informationen über Hobbys, Vorlieben, Familienstand, Kinder, Freizeit, Urlaub, Verhältnis zu Mitarbeitern und Vorgesetzten, Unternehmenszugehörigkeit, Unternehmensgeschichte, Karrierepläne, etc. ergeben sich interessante Anknüpfungspunkte, die eine gute Beziehung zum Käufer fördern. Stellen Sie fest, ob der Partner bevorzugt über seine Augen, seine Ohren oder seinen Tastsinn die Welt wahrnimmt und entsprechend kommuniziert. (Auf den Zu-

sammenhang zwischen bevorzugter sinnlicher Wahrnehmung und kommunikativem Verhalten wird bei den Sinneskanalspiegeln genauer eingegangen.)
Diese Informationen und Kenntnisse lassen sich in der späteren Argumentation gewinnbringend verwenden:

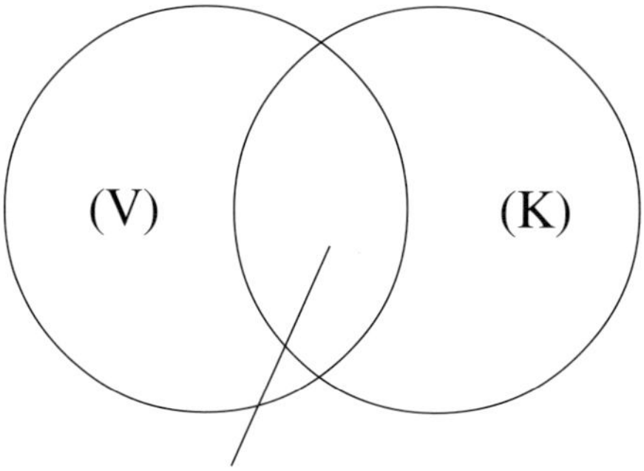

Kenntnisse des Verkäufers über den Käufer

In dem Modell wird die Kenntnis des Verkäufers vom Käufer durch die Schnittmenge beider Kreise dargestellt. In einer konkreten Überzeugungssituation wird der Verkäufer z. B. Fragen oder Aktives Zuhören einsetzen, um seine Informationen über den Käufer zu vergrößern. Dabei spielen die Bedürfnisse des Käufers eine wesentliche Rolle. In der folgenden Tabelle sind eine Reihe von Bedürfnissen bzw. Motiven[5] zusammengefaßt:

• Gewinn	• Nachahmung
• Zeitersparnis	• Emotionsmotiv
• Bequemlichkeit	• Ökologiemotiv
• Sicherheit	• Sozialkontakt
• Gesundheit	• ewige Jugend
• Prestige/Anerkennung	

[5] Vergleichen Sie: Mit Bedürfnissen überzeugen, in „Klingeling: Jetzt kommt´s drauf an!“ Telefontraining für Profis, Seite 78ff

Diese Liste erhebt keinen Anspruch auf Vollständigkeit. Es gibt noch eine Reihe weiterer Beweggründe, die beim Überzeugen wichtig sind. So fehlen hier die primären Antriebe des Menschen wie Nahrungsaufnahme, Wärme und Sex.
Die Menge der Bedürfnisse und Motive ist keine feste Größe und gilt nicht für alle Menschen gleichermaßen. Bedürfnisse ändern sich zum Beispiel mit der Zeit, mit dem sozialen Umfeld und mit den Stimmungen eines Menschen. In der Überzeugungssituation muß sich ein erfolgreicher Verkäufer über die momentan herrschende Bedürfnisstruktur umfassend informieren.

Mit Bedürfnissen sind meist auch spezielle Erwartungen verbunden. Wenn jemand beispielsweise Appetit verspürt, wird er sich vielleicht nach einem knusprigen Hähnchen sehnen. Servierte Lachsschnittchen werden ihn, obwohl sie das hochwertigere Lebensmittel darstellen, wahrscheinlich unzufrieden machen. Die mit der Mahlzeit gehegten Erwartungen werden enttäuscht.
Ein zweites Beispiel ist der Vorgesetzte, der eine gute Einzelleistung anerkennen will. Falls der Mitarbeiter öffentlich belobigt werden will, kann der heimlich zugesteckte Geldbetrag sein Ziel verfehlen. Auch in diesem Fall ist die Enttäuschung groß.
Um den Käufer zu überzeugen, ist es also wichtig, seine Bedürfnisse und Motivationen zu kennen und außerdem die Art der gewünschten Bedürfnisbefriedigung.

Dazu ist eine positive und entspannte Gesprächsatmosphäre dienlich. Lassen Sie die Menschen über sich und ihre Interessen erzählen. Wenn Sie Ihren Gesprächspartner positiv gestimmt haben, überzeugen Sie leichter, Reklamationen sind einfacher aus der Welt zu schaffen, und gegenseitiges Helfen wird selbstverständlich.

Die zweite Schnittmenge des Überzeugungsmodells besteht zwischen Verkäufer und Überzeugungsgegenstand:

Kenntnisse des Verkäufers bezüglich Überzeugungs-gegenstand

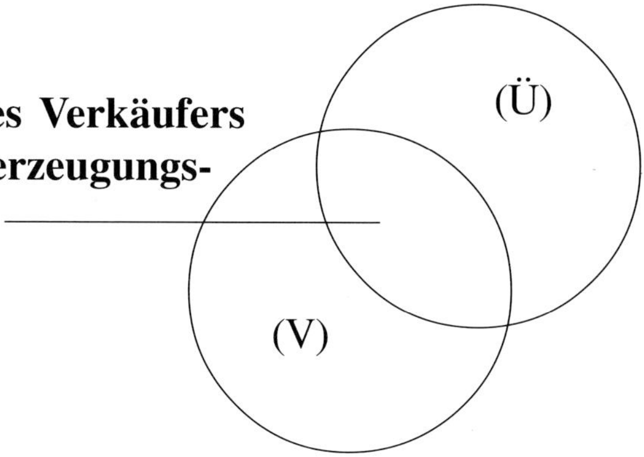

Diese Schnittmenge beinhaltet die Informationen des Verkäufers über den Überzeugungsgegenstand.
Sachkompetenz ist die Voraussetzung für erfolgreiche Gespräche. Manche Verkäufer glauben leider immer noch, daß Fachwissen durch rhetorische Tricks ersetzt werden könne. Diese falsche Einstellung wird in der täglichen Praxis sehr teuer bezahlt, weil sie einen Abschluß nach dem anderen kostet. Nur wenn Fachwissen und Menschenkenntnis zusammenkommen, ist Überzeugen möglich. Eine wesentliche Forderung lautet deshalb:

Werden Sie überdurchschnittlich fachkompetent.

Stellen Sie inhaltliche Defizite fest, beseitigen Sie diesen Zustand sofort. Lernen ist zu einem permanenten Prozeß geworden, gerade für diejenigen, die überzeugen wollen. Das Wissen dann rhetorisch gut darzustellen, ist erst der zweite Schritt, der ohne den ersten kaum Sinn hat.

Die dritte Schnittmenge zeigt die Eigenschaften des Überzeugungsgegenstandes, die dem Käufer nützen:

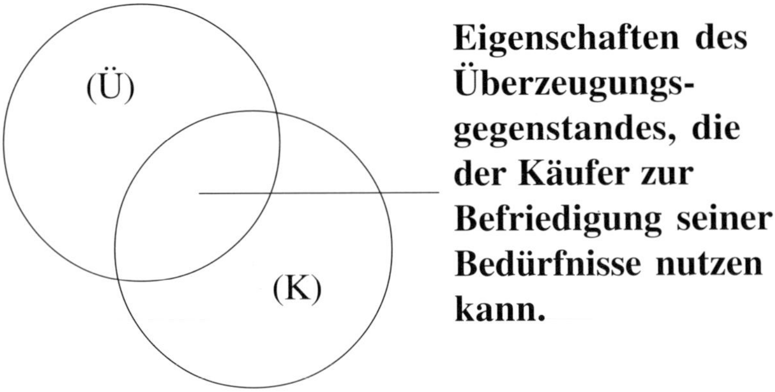

Wenn diese Menge groß ist, gibt es eine Vielzahl von Vorteilen für den Käufer.
Eine Möglichkeit, diese Schnittmenge zu vergrößern, ist die Ausdehnung der Menge (Ü) in die Menge (K). Das geschieht durch eine Veränderung der Eigenschaften des Überzeugungsgegenstandes. Um dem Käufer mehr Nutzen stiften zu können, könnte beispielsweise ein Auto serienmäßig mit Allradantrieb ausgestattet werden. Dieser Weg ist bei gegenständlichen Produkten meist mit hohen Kosten und Zeitaufwand verbunden. Ist der Überzeugungsgegenstand dagegen eine Meinung, kann die Schnittmenge durch Kompromißbildung leicht ausgedehnt werden.
Einfacher ist es, Käuferinteressen in den Überzeugungsgegenstand auszudehnen. Die Werbung beispielsweise weckt zu diesem Zweck Bedürfnisse. Menschen werden Bedürfnisse suggeriert, die sie vorher noch nicht hatten oder die nur verborgen vorhanden waren.

Nachdem wir jetzt alle drei Kreise des Modells dargestellt haben, kommen wir nun zum Kern unserer Überlegungen. Für den Erfolg einer Verhandlung ist die Schnittmenge von allen drei Kreisen entscheidend. Dort finden Sie diejenigen Eigenschaften des Überzeugungsgegenstandes,

- die Ihnen bekannt sind (Sachkenntnis),
- die dem Käufer Nutzen stiften (Nutzen des Produktes),
- und die Sie als nützlich für den Käufer einschätzen (Menschenkenntnis).

In dieser Schnittmenge liegen die Überzeugungsmotive. Wollen Sie überzeugen, maximieren Sie die Überzeugungsmotive:

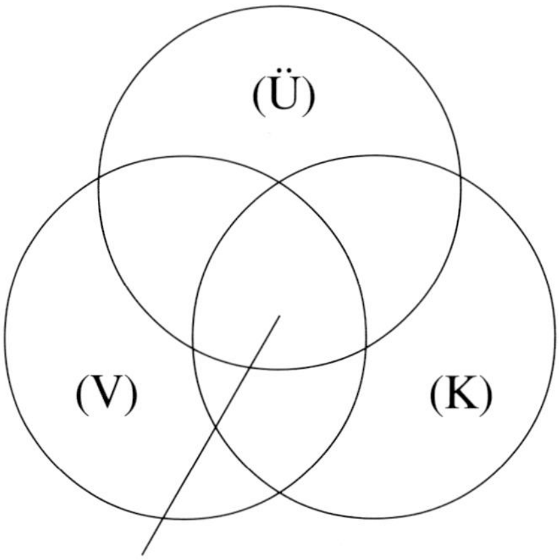

Überzeugungsmotive

Viele Menschen machen zu Beginn des Überzeugungsprozesses den Fehler, zu viele Informationen zu geben. Sie hoffen, daß einige Eigenschaften des Überzeugungsgegenstandes zufällig überzeugen werden. Übertragen wir diese Situation auf unser Kreismodell, überschneiden sich Überzeugungsgegenstand (Ü) und Verkäufer (V) großflächig, während die Überschneidungen mit dem Käufer relativ gering sind. Große Fachkenntnisse und geringe Menschenkenntnis verbunden mit mangelnder Kommunikationsfähigkeit prägen das Bild:

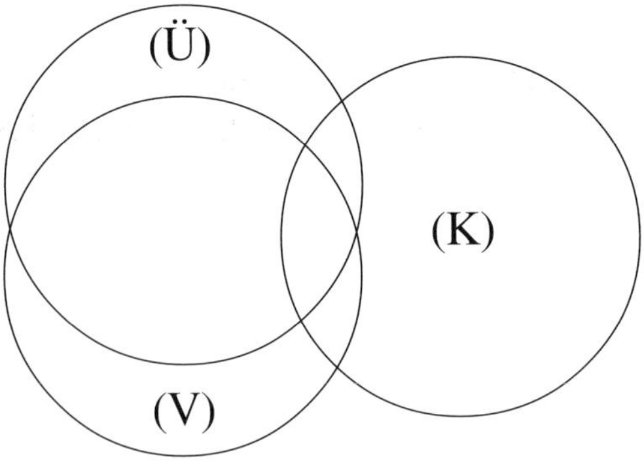

Wer erst einmal sein Pulver verschießt, ohne sein Gegenüber kennenzulernen, überzeugt nur zufällig. Trifft der Verkäufer glücklich ins Schwarze, kommt es zufällig zum begehrten Abschluß. Schießt der Verkäufer zufällig am Bedürfnis vorbei, sagt der Käufer „nein" zu allem, was die andere Seite schwitzend vorschlägt.
Nebenbei bemerkt ist so die Veredelung der Fähigkeiten eines Verkäufers kaum möglich, weil der so agierende Verkäufer seine Erfahrungen nicht auf ein anderes Verkaufsgespräch übertragen kann. Unser Fazit sollte also immer lauten:

Erst bewußt zuhören, dann bedürfnisorientiert anbieten.

Das spart Zeit und läßt das Provisionskonto wie von selbst anschwellen. Der Käufer sagt Ihnen alles, was Sie tun müssen, um ihn zu überzeugen. Hören Sie ganz genau zu.

Auch wenn der Verkäufer (V) es versteht, auf den Kunden (K) gut einzugehen, es aber an Produktkenntnis mangeln läßt, wird sich ein Überzeugungserfolg nur schwer einstellen. Dies zeigt die folgende Grafik anschaulich:

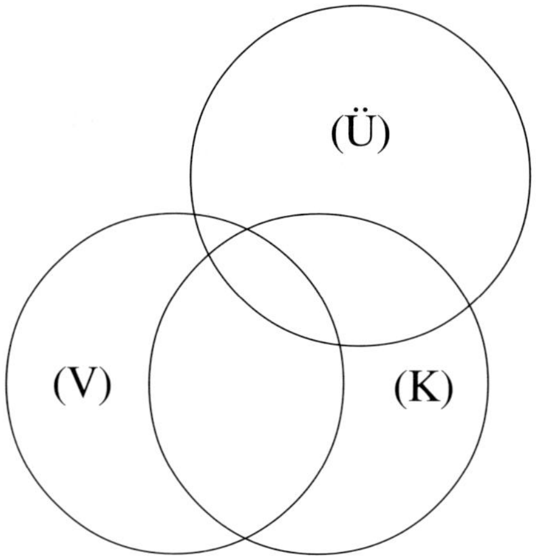

Kommunikatives Geschick und Einfühlsamkeit führen bei zu geringen Fachkenntnissen nur zu angenehmen Unterhaltungen ohne Überzeugungserfolg. Hier überzeugt zwar der Mensch, jedoch nicht die Eigenschaften des Überzeugungsgegenstandes. Über die Erweiterung von Fachkenntnissen haben Sie bereits einiges erfahren.

Der dritte Spezialfall tritt bei nützlichen Produkten ein, die nicht überzeugend verkauft werden können, weil sowohl die Produkt- als auch die Fachkenntnisse des Verkäufers nicht ausreichen:

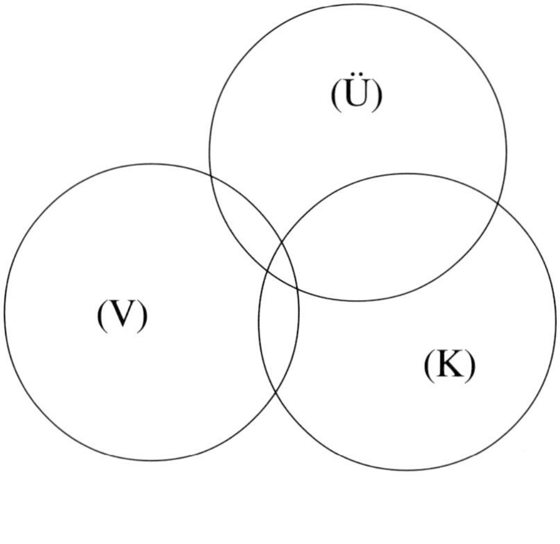

Eine solche Konstellation ist doppelt mühsam für alle Beteiligten. Unangenehm für Käufer und Verkäufer, weil fehlende Sach- und Menschenkenntnis des Verkäufers das Verkaufsgespräch unnötig verlängern. Vielleicht verläuft es sogar trotz vorhandenem Produktnutzen ohne Abschluß im Sande. Der Ruf des inkompetenten Verkäufers wird bald dem Produkt anhaften und sich auch negativ auf das Image der Unternehmung auswirken. Auch beste Produkte ohne geschickte Verkäufer überzeugen nicht. Ein tolles Produkt, das keiner kennt, ist nicht überzeugend.
Am besten ist es, wenn gute Produkte von fachlich und kommunikativ kompetenten Verkäuferinnen und Verkäufern verkauft werden:

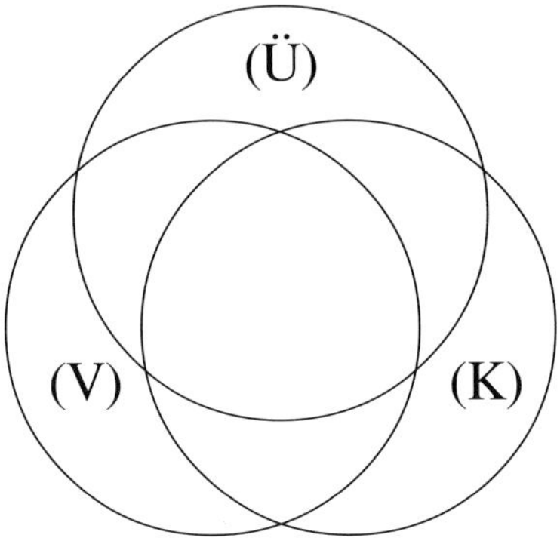

Dann ist das Maximum an Überzeugungserfolg möglich.

Ratschläge für die Praxis

Lassen Sie am Anfang von Gesprächen zunächst das Gegenüber reden, da Sie so die notwendigen Informationen bekommen. Nicht derjenige, der am meisten spricht, überzeugt, sondern derjenige, der den größten Nutzen für den Käufer geschickt darstellt.
In der Theorie hört es sich sehr plausibel an. In der Praxis werden an den Verkäufer hohe Anforderungen gestellt. Besonders im Bereich der Menschenkenntnis oder Käuferwahrnehmung trennt sich meist die Spreu vom Weizen. Hier gilt es, sensibel zu werden. Stellen Sie gemachte Erfahrungen immer wieder in Frage.

Jeder Käufer hat andere Einstellungen und Werte.

Schablonenhaftes Denken ist gerade bei erfahrenen Verkäufern oft anzutreffen. Diese Einstellung hemmt den eigenen Lernerfolg. Statt dessen sollten Sie sich folgendermaßen verhalten:

- Analysieren Sie jedes Verkaufsgespräch kurz auf Stärken und Schwächen. Was lief gut, und was lief weniger gut? Wo lagen die Gründe dafür? Was wollen Sie verändern, um das nächste Mal erfolgreicher zu sein?
- Lassen Sie sich von Freunden, Bekannten und Kollegen Feedback geben. Probieren Sie neue Strategien bei Testgesprächen mit Kollegen oder Freunden aus. Nehmen Sie sich dabei mit Videotechnik auf, und verbessern Sie Ihre Fähigkeiten Schritt für Schritt.
- In der Gesprächsvorbereitung ordnen Sie Produkteigenschaften den möglichen Motiven und Bedürfnissen eines Kunden zu. So vorbereitet fällt es leichter, die Bedürfnisse des Kunden durch die Eigenschaften des Produktes zu befriedigen und den Nutzen für den Kunden zu steigern.
- Achten Sie auf die Körpersprache des Käufers. Diese ist meist viel aufschlußreicher als der Inhalt der mitgeteilten Worte. Schärfen Sie Ihre Sinnesorgane, achten Sie auf Kleinigkeiten. Feinste Reaktionen beispielsweise im Gesicht des Partners erzählen Ihnen viel mehr über die Wirkung Ihrer Argumente als die verbalen Mitteilungen des anderen.

Setzen Sie Menschen niemals unter Druck. Hat der Käufer das Gefühl „haste gekauft, kannste sterben“, so wird sich nie eine ertragreiche Zusammenarbeit entwickeln. Die zunächst unerreichbar hoch hängenden Früchte können nur vom Verkäufer und dem Käufer gemeinsam geerntet werden, indem beide mit vereinten Kräften eine Leiter an den Baum stellen und dann gemeinschaftlich die Früchte der Arbeit ernten.

Sie schärfen durch dieses Verhalten ständig Ihre Wahrnehmungsfähigkeit für die Bedürfnisse des Kunden und steigern seinen Nutzen. Der Überzeugungserfolg stellt sich dann automatisch ein.

Erst der Mensch, dann der Überzeugungsgegenstand.

Alle anderen noch so ausgeklügelten Techniken schlagen fehl, wenn Sie diesen Grundsatz mißachten. Dieses Gesetz ermöglicht es Ihnen, langfristige Kundenbeziehungen aufzubauen. Dauerhafter Erfolg hat den Menschen zum Ziel und sieht ihn nicht nur als Mittel.

11) Argumentation

In diesem Kapitel lernen Sie zwei klassische Argumentationsfiguren kennen. Damit sind Sie in der Lage, Ihre Meinung strukturiert und verständlich zu vertreten.

Wer argumentiert, nimmt begründet Stellung, baut seine Aussagen strukturiert und verständlich auf und beweist seine Meinung schlüssig. Wer argumentiert, stellt sich auf den Nutzen und die Vorteile seines Partners ein.
Zur Argumentation gehören die eigene Meinung sowie die Begründung dieser. Als Beleg wird ein Beispiel aus den Erfahrungen des Gegenübers gewählt. Am Ende des Argumentes wird eine Schlußfolgerung gezogen und die Gesprächsinitiative an den Partner abgegeben. Dadurch erfahren Sie schnell, wie das Argument beim Partner angekommen ist.

Ein weit verbreiteter Irrtum lautet: Was mich überzeugt, ist überzeugend! Hier liegt eine der Wurzeln mangelnder Überzeugungskraft. Wenn Sie Ihre Sicht der Dinge auf den Verhandlungspartner übertragen, ohne seine Bedürfnisse und Vorteile zu berücksichtigen, werden Ihre Argumente wirkungslos zerplatzen wie Seifenblasen.

Stellen Sie Ihre eigenen Beweggründe jedoch vorübergehend in den Hintergrund. Stellen sich, während Sie argumentieren, auf die Bedürfnisse des Partners ein, dann werden Sie einen argumentativen Erfolg nach dem anderen feiern können.
Die Wirkung dieser am Nutzen des Partners orientierten Haltung ist in der Theorie lange bekannt. Die praktische Umsetzung fordert diejenigen Menschen, die nachhaltig überzeugen wollen.

Gehen Sie mit uns gemeinsam ein Stück auf dem argumentativen Weg, denn in der Schlagfertigkeit gehört die Argumentation zu den Basistechniken. Wer sachlich auf Einwände und Angriffe reagieren möchte, findet in der Argumentation die Vorgehensweise, die das Gespräch oder den Vortrag in sachlichen Bahnen hält. Werden Sie angegriffen, ist die Argumentation eine besonnene Reaktion. Auch wenn es mal hoch hergehen sollte, ist die Fähigkeit, klipp und klar zu argumentieren, ein Basisinstrument für Virtuosen der Schlagfertigkeit.

Wie wird's gemacht?

Wir wollen Ihnen die zwei Argumentationsfiguren „Logik“ und „Dialektik“ vorstellen.

Argumentationsfigur „Logik“

Die Argumentationsfigur „Logik“ besteht aus fünf strukturierenden Elementen. Unserer Erfahrung nach lebt sie von kurzer und präziser Formulierung. Der Grund hierfür liegt darin, daß der andere das Argument dadurch leicht nachvollziehen kann. Beispielsweise kann die Aufmerksamkeit des Gegenübers durch fünf prägnante Sätze gewonnen und erhalten werden. Daraus folgt, daß die mitgeteilten Fakten beim anderen ankommen und überzeugen. Am besten, Sie verwenden Eingangsformulierungen, die dem anderen deutlich machen, wie das Argument aufgebaut ist. Schauen wir uns die folgenden Beispiele an:

Beispiele

Standpunkt:	Meine Meinung ist, daß gesunde Ernährung viele Vorteile bringt.
Begründung:	Der Grund liegt in einer größeren Leistungsfähigkeit.
Beispiel:	Beispielsweise können gesunde Menschen auch neben ihrer alltäglichen Arbeit noch verschiedene anspruchsvolle Hobbys mit Spaß betreiben.
Folgerung:	Daraus folgt, gesunde Ernährung hilft, mehr Lebensfreude zu entwickeln.
Abschluß:	Ernähren Sie sich gesund!

Standpunkt:	Es ist eine Tatsache, daß Kernenergie gefährlich ist.
Begründung:	Der Grund liegt in den gefährlichen radioaktiven Abfällen.
Beispiel:	Zum Beispiel ist die sichere Endlagerung der Abfälle über einen Zeitraum von bis zu 40.000 Jahren bei ungewissen Fremdeinwirkungen schwer garantierbar.
Folgerung:	Daraus ergibt sich, daß Nuklearenergie unabschätzbare Risiken birgt.
Abschluß:	Unterlassen Sie Investitionen in die Kernkraft!

1. Der Standpunkt

Ein häufiger Fehler ist die schwammige Formulierung des Standpunktes. Menschen zu einer Meinungsänderung zu bewegen ist sehr schwer, wenn Sie nicht klar sagen, von was Sie überzeugen wollen. Vertreten Sie genau Ihren Standpunkt, selbst wenn Sie annehmen, daß der Partner anderer Meinung ist! Bringen Sie Meinungsverschiedenheiten offen zur Sprache. Denn nur so wird unmißverständlich deutlich, wovon Sie überzeugen wollen. Über unterschiedliche Ansichten zu sprechen ist meist besser, als sie unter der Oberfläche schwelen zu lassen. Verzichten Sie auf unnötige Schnörkel, weil die Aufmerksamkeit des anderen zeitlich beschränkt ist.

Formulieren Sie Ihre Meinung möglichst präzise. Dabei sind folgende Einleitungen nützlich, die Sie zu einem ganzen Satz ergänzen können:

- „Es ist eine Tatsache, daß ..."
- „Meiner Meinung nach ..."
- „Ich vertrete den Standpunkt, daß ..."

Sie können auch andere Formulierungen wählen. Es muß nur deutlich werden, daß es sich um einen Einstieg in ein Argument handelt.

2. Die Begründung

Der Gesprächspartner läßt sich von Ihnen leicht überzeugen, wenn er durch seine Meinungsänderung einen Vorteil hat oder Sie seinen Nutzen zumindest in Aussicht stellen. Deshalb sollte der Grund für Ihren Standpunkt immer einen Vorteil für den anderen enthalten. Beispielsweise könnten Sie einleiten mit:

- „Der Vorteil ist ..."
  (Mit dieser Einleitung sollten Sie vorsichtig umgehen, denn Ihr Gesprächspartner könnte leicht mißtrauisch werden, wenn Sie ihn überzeugen wollen und gleichzeitig von seinen Vorteilen sprechen.)
- „Der Grund liegt in ..."
- „..., weil ..."

Vorteile, die für Sie überzeugend sind, können Ihrem Gesprächspartner vollkommen gleichgültig sein. Richten Sie die Gründe der Argumentation deshalb immer auf die Bedürfnisse und den Nutzen des Gesprächspartners aus.

3. Das Beispiel

Das Beispiel dient dazu, die Argumentation einleuchtend, plastisch und erfahrbar zu machen. Die Begründung des Standpunktes wird durch das Beispiel belegt. Häufig bietet ein schlechtes Beispiel ungewollt Angriffsfläche. Beispiele werden schlecht, wenn sie abstrakt, leicht widerlegbar, langweilig vorgetragen oder unverständlich sind. Suchen Sie deshalb ein anschauliches Beispiel aus den Erfahrungen Ihres Gegenübers, denn häufig sind es gerade solche einprägsamen Beispiele, die die Menschen überzeugen. Als Einführung in diesen Argumentationsteil können Sie verwenden:

- „Zum Beispiel ..."
- „Das Beispiel ist ..."
- „Beispielsweise ..."

4. Die Folgerung

Ziehen Sie eine Schlußfolgerung, damit Ihr Argument abgerundet ist. Diese ist dann meist verständlich und überzeugend, wenn die Folgerung den Inhalt des Standpunktes mit anderen Worten wiederholt. Einführend können Sie beispielsweise verwenden:

- „Daraus folgt, daß ..."
- „Daraus ergibt sich, daß ..."
- „Also ..."

5. Der Abschluß

Der wichtigste Teil Ihres Arguments ist der Abschluß, weil er als letztes Element Ihrer Argumentation in Erinnerung bleibt. Deshalb bedenken Sie den Abschluß genau, und formulieren Sie möglichst prägnant. Sie haben zwei Möglichkeiten, Ihre Argumentation abzuschließen.

In Reden formulieren Sie einen Appell. Der Aufruf zur Tat hatte schon in der Antike Tradition.

- „Lassen Sie uns ..."
- „Stimmen Sie mit mir ..."
- „Setzen Sie sich ein für ..."

Wenn Sie eine Diskussion anregen möchten, geben Sie die Gesprächsinitiative durch eine offene Frage an Ihr Gegenüber oder das Publikum ab. Fragend könnten Sie abschließen:

- „Was halten Sie davon?"
- „Welche Erfahrungen haben Sie gemacht?"
- „Wer möchte Stellung nehmen?"

Durch einen Abschluß Ihres Arguments in Frageform erfahren Sie, was Ihr Gesprächspartner von Ihrer Darlegung hält. Sie erhalten wichtige Informationen, nach denen Sie Ihr weiteres argumentatives Vorgehen abstimmen können.

Argumentationsfigur „Dialektik"

Die zweite Argumentationsfigur, die wir Ihnen vorstellen wollen, heißt „Dialektik". Diese Struktur gliedert sich ebenfalls in fünf Elemente. Ziel dieser Argumentationsfigur ist es, zwei unterschiedliche Ansichten gegenüberzustellen und daraus einen vorteilhaften Schluß zu ziehen. Dieses Vorgehen wirkt objektiv, weil zwei gegensätzliche Positionen bei der Meinungsbildung berücksichtigt werden. Schauen wir uns auch zu dieser Figur einige Beispiele an:

Beispiele

Einführung:	Wir alle wollen in einer gesunden Umwelt leben.
These:	Auf der einen Seite belastet der Autoverkehr unsere Umwelt durch giftige Gase und Lärm.
Antithese:	Auf der anderen Seite ist die Mobilität der Menschen ein sehr hohes Gut.
Synthese:	Wenn wir beide Positionen betrachten, kommen wir zu der Erkenntnis, daß eine möglichst umweltverträgliche Sicherung der Mobilität notwendig ist.
Schluß:	Deshalb laßt uns leise und sparsame Autos bauen.

Einführung:	Wir wollen alle beruflichen und privaten Erfolg haben.
These:	Auf der einen Seite klettern wir durch immer mehr beruflichen Einsatz die Karriereleiter hinauf.
Antithese:	Auf der anderen Seite sind uns unsere privaten Interessen wichtig.
Synthese:	Wenn wir beide Seiten vergleichen, stellen wir fest, daß es darauf ankommt, beide Lebensbereiche zu entfalten.
Schluß:	Deshalb sollten wir ein gesundes Gleichgewicht zwischen Beruf und Privatleben entwickeln oder erhalten.

1. Einführung

In der Einführung wird ein gemeinsamer Nutzen dargestellt, um damit allen Beteiligten das Ziel deutlich vor Augen zu führen. Zum Beispiel können Sie eine Gemeinsamkeit zwischen Ihnen und dem Gesprächspartner ansprechen und dazu „Wir"-Formulierungen verwenden. So schaffen Sie eine harmonische Ausgangsbasis:

- „Wir wollen alle, daß ..."
- „Unser gemeinsames Ziel ist ..."
- „Wir haben beide eine Meinung zu ..."

2. These

Als These wird eine von zwei gegensätzlichen Positionen formuliert. Meist wird die Position gewählt, die der eigenen Meinung entgegensteht. Kleine Übertreibungen sind durchaus erlaubt, um die These etwas plastischer zu gestalten. Einführend in diesen Teil des Arguments wählen Sie beispielsweise folgende Formulierungen:

- „Auf der einen Seite ..."
- „Erstens ..."
- „Die einen wollen, daß ..."

3. Antithese

In der Antithese vertreten Sie den zur These gegensätzlichen Standpunkt, der Ihrer tatsächlichen Meinung weitgehend entspricht. Sie haben dadurch den Vorteil, daß Sie die folgenden Bausteine lückenlos anschließen können. Gegenüber der zuerst genannten ungünstigeren Position entsteht hingegen ein inhaltlicher Bruch. Die ungünstige These wird etwas ab-, die günstige Antithese entsprechend subtil aufgewertet. Als Einleitungen bieten sich Ihnen beispielsweise an:

- „Auf der anderen Seite ..."
- „Die anderen wollen hingegen, daß ..."
- „Die entgegengesetzte Auffassung lautet ..."

4. Synthese

In der Synthese vergleichen Sie die These mit der Antithese und folgern dann Ihren eigenen Standpunkt. Haben Sie etwas übertrieben, können Sie für die Synthese einen größeren Spielraum nutzen. Kleinere Zugeständnisse an den Verhandlungspartner lassen sich so leicht vorbereiten, ohne selbst große inhaltliche Abstriche hinnehmen zu müssen. Beispielformulierungen sind:

- „Wenn wir beide Lösungswege überdenken, dann ..."
- „Vergleichen wir die Positionen ..."
- „Wenn wir die Auffassungen betrachten, stellen wir fest, daß ..."

5. Schluß

Abschließend fordern Sie zur Aktion auf. Hier gilt, was Sie bereits vorher zum Appell gelesen haben. Einleitungen sind zum Beispiel:

- „Handeln Sie ..."
- „Deshalb lassen Sie uns ..."
- „Wählen Sie ..."

Vorteile der Argumentationstechnik

- Durch die Argumentation strukturieren Sie kurze Beiträge.
- Diese Technik dient Ihnen als Raster, in das Sie Ihre Gedanken einklinken können. Damit können Sie auch, hinreichende Sachkenntnis vorausgesetzt, aus dem Stegreif Stellung nehmen.
- Durch die hier vorgestellten Eingangsformulierungen argumentieren Sie für Ihre Zuhörer nachvollziehbar. Vielfach stoßen Argumente auf Ablehnung, weil sie nicht mundgerecht serviert worden sind. Durch die Argumentation werden Sie von Ihren Gesprächspartnern besser verstanden.

Gefahren der Argumentationstechnik

- Wenn Sie mit unter Druck stehenden Verhandlungspartnern umgehen, besteht die Gefahr, daß Sie Ihr Argument nicht abschließen können. Man fällt Ihnen ins Wort.
- Wenn Sie sehr gut argumentieren können, werden Sie Ihre Verhandlungspartner oft überzeugen. Damit gehen die Punkte häufig an Sie, Sie stehen auf dem Siegertreppchen und verweisen die anderen auf die Plätze. Sorgen Sie dafür, daß auch Ihre Partner erfolgreich verhandeln, damit sie aus Ihrem Schatten (gelegentlich) heraustreten können.

Erfahrungen aus der Praxis

Manchmal ist die Anwendung der vollständigen Argumentationsstruktur zu umfangreich, weil der Partner nicht bereit ist, so lange zuzuhören. In hitzigen Dialogen können Sie sich deshalb auf Standpunkt und Begründung beschränken. Um eine möglichst überzeugende Wirkung zu erzielen, drehen Sie dann die Reihenfolge herum. Beispiel:

Begründung:	Weil wir die Konzernrevision erwarten,
Standpunkt:	möchte ich, daß alle Geschäftsvorfälle mit den USA sorgfältig auf Wechselkursrisiken geprüft werden.

Begründung:	Weil wir letztes Jahr in Kanada Urlaub gemacht haben,
Standpunkt:	möchte ich dieses Jahr einmal Asien bereisen.

Häufig dient der erste Satz des Arguments dazu, die Aufmerksamkeit zu erringen. Damit geht dieses wichtige Element des Arguments für den Überzeugungsprozeß verloren. Achten Sie darauf, daß Ihre Zuhörer aufmerksam sind, bevor Sie anfangen. Nur so kommen Ihre Worte beim Verhandlungspartner an. Pausieren Sie notfalls, bis Ihnen alle Ohren gespitzt zuhören. Oder fordern Sie Aufmerksamkeit sprachlich ein, sagen Sie beispielsweise:

- „Bitte jetzt wieder zum Thema."
- „Aufmerksamkeit."

Eine andere Möglichkeit ist, seinen Standpunkt immer wieder neu zu beginnen, bis die Aufmerksamkeit voll da ist, etwa folgendermaßen:

- „Es ... [Pause, noch keine Aufmerksamkeit] ... es... [Pause, einige im Publikum sind etwas irritiert, noch keine Aufmerksamkeit] ... es ist ...[Pause, einige brechen ihre Unterhaltungen ab und nehmen mit Ihnen Blickkontakt auf] ... Es ist eine ...[Pause, größere Aufmerksamkeit] ... Es ist eine Tatsache...[Pause, nur noch einzelne unterhalten sich]... Es ist eine Tatsache...[Pause, volle Aufmerksamkeit ist da]... Es ist eine Tatsache, daß..."

Sie können die beiden Argumentationsfiguren alternativ einsetzen. Treffen Sie die Wahl nach dem inhaltlichen Zusammenhang. Wenn Sie Ihre Meinung lieber linear strukturieren wollen, wählen Sie das Argumentationsmodell „Logik". Handelt es sich hingegen um zwei gegensätzliche Standpunkte, die Sie zusammenbringen möchten, bevorzugen Sie die Argumentationsfigur „Dialektik".

Handhaben Sie beide Figuren als Rahmenkonzepte. Sie können häufig auf ein Beispiel verzichten, wenn dem Partner der

Sachverhalt auch so klar werden könnte. Wichtig ist jedoch, daß Sie klar gegliedert sprechen, denn in der Praxis wird mehr Überzeugungskraft durch strukturloses Sprechen verloren als durch Wissenslücken. Achten Sie deshalb immer darauf, daß Sie durch entsprechende Formulierungen den Aufbau des Arguments aufschlüsseln.

Der Appell sollte genau zu der beabsichtigten Handlung auffordern. Vielfach werden appellierende Aussagen nicht fordernd genug formuliert. Formulierungen wie: „Zum Schluß darf ich Sie bitten ...“ oder „Es wäre nett, wenn...“ lassen den nötigen Biß vermissen. Daraufhin wird kaum jemand hinter seinem warmen Ofen hervorkommen und etwas unternehmen. Diese Appelle erinnern eher an eine warme Decke, in die sich faul und träge eingekuschelt werden kann, bis die Aufforderung an einem vorübergegangen ist.
Formulieren Sie Ihre Appelle stark, fordernd, vielleicht sogar provozierend! Rütteln Sie auf! Fordern Sie Aktivitäten ein! Bringen Sie Aktion auch für müde Gemüter!

Trainieren Sie selbst!

Die Argumentation läßt sich immer und überall trainieren. Immer, wenn Sie von etwas überzeugen wollen, können Sie es argumentativ tun.
Legen Sie die einführenden Formulierungen griffbereit neben das Telefon und auf den Schreibtisch. Diese kleine Gedächtnisstütze bleibt unbemerkt und erleichtert Ihnen die Anwendung.
Bereiten Sie Ihre Verhandlungen mit dem dargestellten Raster vor. Argumentieren Sie für und gegen Ihre Meinung. So entwickeln Sie schon während der Vorbereitung ein Gefühl für die Einstellung Ihres Verhandlungspartners.
Behandeln Sie mögliche Einwände des Gegenübers argumentativ schon während Ihrer Vorbereitungsphase. Dadurch sind Sie auch in angespannten Situationen leicht in der Lage, die vorbereiteten Argumente überzeugend einzusetzen.

12) Die Spiegeltechniken

Durch geschicktes Interpretieren von Aussagen und dem Verhalten anderer Menschen erreichen Sie Vorteile in Angriffssituationen. Sie lernen, Gespräche mit den Spiegeltechniken zu steuern.

Ein kommunikativer Spiegel ist die Wiedergabe der Aussage des Partners in anderen Worten. Spiegel werden von den meisten Menschen bereits ganz natürlich, aber unbewußt eingesetzt. Wir wollen dieses Verhalten genauer beleuchten, damit Sie die Spiegeltechniken bewußt einsetzen können, um schlagfertig Ihre Ziele zu erreichen.
Die Spiegeltechniken bewirken auf sprachlicher oder körpersprachlicher Ebene das, was der Spiegel im Badezimmer mit dem Licht macht. Das Licht fällt in den Spiegel und wird etwas umgeformt zurückgeworfen ohne Veränderung des Spiegels selbst. Genauso geben Sie die Äußerung des Gesprächspartners etwas gewandelt zurück. In dieser Veränderung liegt der Gestaltungsspielraum, der zur schlagfertigen Einwandbehandlung genutzt wird.

Wir stellen Ihnen die Sprachspiegel und den Körperspiegel vor. Während Sie sich beim Körperspiegel auf den körpersprachlichen Ausdruck des Gegenübers einstellen, reagieren Sie mit den Sprachspiegeln auf die verbalen Äußerungen des Partners.

Die Sprachspiegel

Bevor wir die Sprachspiegel einzeln darstellen, möchten wir Ihnen noch einige allgemeine Tips geben.
Wichtig ist, daß Sie sich von den Einwänden nicht oder nur wenig treffen lassen, denn wenn Sie getroffen sind, wird die Behandlung des Angriffs deutlich schwerer. Denken Sie immer daran, daß

ein Angriff wenig über Sie und Ihr Verhalten aussagt. Vielmehr gibt der Angreifer zu erkennen,

- wie er mit Problemen und Konflikten umgeht,
- wieviel Taktgefühl er hat,
- wie tolerant er ist,
- wieviel Fachkenntnisse er besitzt,
- was seine „Schwachstellen“ sind,
- was ihn auf die Palme bringt.

Ein Spiegel ist eine Aussage und keine Frage. Damit wird der durch Fragen entstehende Verhörcharakter vermieden. Senken Sie deshalb am Ende des Spiegels Ihre Stimme!

Wenn Sie eine Aussage spiegeln, beginnen Sie mit: „Du sagst ...“ bzw. „Sie sagen ...“. Stellt der Partner eine Frage, auf die Sie spiegelnd reagieren wollen, leiten Sie mit: „Du fragst Dich ...“ bzw. „Sie fragen sich ...“ ein. Sie erleichtern sich dadurch die gedankliche Ausrichtung auf die Wiedergabe der Aussage des Partners.

Wenn Sie die Spiegeltechniken beherrschen, können Sie gelegentlich auf die Einführungen verzichten, um Ihre Satzanfänge abwechslungsreicher zu gestalten.

Nicht jeder Spiegel ist für jeden Einwand geeignet. Suchen Sie sich die jeweils beste Technik aus. In kurzer Zeit werden Sie bei bewußtem Einsatz der Techniken die nötige Erfahrung besitzen.

Wer spiegelt, gibt keine Informationen über sich preis, während er von anderen viel erfährt. Bei zu häufigem Einsatz der Spiegeltechniken kann es deshalb zu einseitigen Gesprächsverläufen kommen. Sollte sich der Gesprächspartner in dieser Situation unwohl fühlen, erzählen Sie etwas über sich.

Ebenenspiegel

Jede Aussage wirkt auf fünf Ebenen und kann auf diesen Ebenen verstanden werden.

- Sie können auf den sachlichen Inhalt der Aussage des Gegenübers reagieren. (Informations-Ebene)

- Sie können den anderen zu etwas auffordern. (Appell-Ebene)
- Sie können auf die Selbstdarstellung des Gegenübers eingehen. (Ich-Ebene)
- Sie können auf den Teil der Aussage reagieren, der Sie betrifft. (Du-Ebene)
- Sie können aufzeigen, welcher Beziehungsanteil in der Aussage des anderen steckt. (Wir-Ebene)

Wie wird's gemacht?

Sie können diejenige Ebene betonen, die für Sie am nützlichsten ist. In der folgenden Tabelle sind die verschiedenen Varianten dargestellt. Der behandelte Einwand lautet: „Sie sind ein ganz gerissener Wicht!"

Technik	Erklärung
1) Info-Ebene:	Sie geben den Einwand mit anderen Worten dicht an der Formulierung des Partners zurück.
Satzbeginn:	Sie sagen, es ...
Beispiel:	Sie sagen, es ist wichtig, taktisch klug verhandeln zu können.
2) Appell-Ebene:	Sie verstehen die Aussage des Gegenübers als Aufforderung.
Satzbeginn:	Sie sagen, [Personalpronomen] solle [soll]...
Beispiel:	Sie sagen, ich soll weiterhin vorteilhaft für Sie tätig sein.
3) Ich-Ebene:	Sie lassen die Aussage beim Partner / bei der Partnerin.
Satzbeginn:	Sie sagen, Sie seien (sind)...
Beispiel:	Sie sagen, Sie sind mit meiner Verhandlungstechnik einverstanden.

Auf der Ich-Ebene reagieren Sie auf das, was der Partner über sich sagt. Spiegeln Sie eine Ich-Botschaft des Partners, beginnen Sie den Satz mit: „Sie sagen, Sie..." oder „Du sagst, Du ..."

4)Du/Sie-Ebene:	Sie beziehen die Aussage auf sich.
Satzbeginn:	Sie sagen, ich sei (bin)...
Beispiel:	Sie sagen, ich sei [bin] sehr forsch.

Auf der Du/Sie-Ebene reagieren Sie auf das, was der Partner über Sie selbst sagt. Spiegeln Sie eine Du- bzw. Sie-Botschaft des Partners, beginnen Sie den Satz mit: „Sie sagen, ich bin (sei) ..." oder „Du sagst, ich bin (sei)..."

5) Wir-Ebene:	Sie beziehen die Aussage auf die Beziehung.
Satzbeginn:	Sie sagen, wir seien (sind)...
Beispiel:	Sie sagen, wir wüßten (wissen) beide, wovon wir sprechen.

Mit den Ebenen-Spiegeln können Sie somit entscheiden, auf welcher Gesprächsebene Sie den Einwand oder Angriff des anderen behandeln möchten:

- Wollen Sie das Gespräch sachlich weiterführen, wählen Sie die Informations-Ebene.
- Wollen Sie den angesprochenen Sachverhalt auflösen, reagieren Sie auf der Appell-Ebene lösungsorientiert.
- Wollen Sie den Einwand auf den Partner zurückwerfen, formulieren Sie einen Spiegel auf der Ich-Ebene.
- Müssen Sie sich den Schuh, den Ihnen der andere zugeworfen hat, anziehen, reagieren Sie auf der Du-Ebene.
- Wollen Sie den Angreifer mit ins Boot ziehen, ist die Wir-Ebene die passende.

Sie entscheiden bei jedem Einwand und bei jedem Angriff, auf welcher Ebene Sie antworten.

Beispiele

Angriff: „Sie haben keine Ahnung."

Info-Ebene:	Es fehlen Informationen.
Appell-Ebene:	Sie sollten sich besser vorbereiten!
Ich-Ebene:	Ich bin mit der Darstellung unzufrieden.
Sie-Ebene:	Sie reden über Dinge, die ich nicht verstehe.
Wir-Ebene:	Wir reden im Moment aneinander vorbei.

Aus dem Angriff ergeben sich folgende Spiegel für die einzelnen Ebenen:

Info-Spiegel:	„Sie sagen, es baue sich eine gereizte Stimmung auf."
Appell-Spiegel:	„Sie sagen, ich solle mich besser vorbereiten."
Ich-Spiegel:	„Sie sagen, Sie sind mit der Darstellung unzufrieden."
Sie-Spiegel:	„Sie sagen, ich rede über Dinge, die Sie nicht verstehen."
Wir-Spiegel:	„Sie sagen, wir reden im Moment aneinander vorbei."

Hausfrau/-mann nach einem Festessen: „Ach, und jetzt noch der ganze Spül!“

Info-Ebene:	Da ist noch schmutziges Geschirr.
Appell-Ebene:	Helft mir alle beim Spülen!
Ich-Ebene:	Ich werde gleich noch die Küche aufräumen.
Du-Ebene:	Du wirst beim Spülen helfen.
Wir-Ebene:	Wir spülen gemeinsam.

Aus den Aussagen ergeben sich folgende Spiegel für die einzelnen Ebenen:

Info-Spiegel:	„Du sagst, da ist noch schmutziges Geschirr.“
Appell-Spiegel:	„Du sagst, wir sollen Dir alle beim Spülen helfen.“
Ich-Spiegel:	„Du sagst, Du wirst gleich noch die Küche aufräumen.“
Du-Spiegel:	„Du sagst, ich werde beim Spülen helfen.“
Wir-Spiegel:	„Du sagst, wir spülen gemeinsam.“

Vorteile der Ebenenspiegel

Welche Vorteile ergeben sich daraus für Sie?

- Sie können Gespräche lenken.
- Sie entscheiden, auf welcher Ebene Sie reagieren wollen. Fällt Ihnen beispielsweise eine für Sie selber positive Aussage ein, können Sie auf der Du-/Sie-Ebene antworten: „Sie sagen, ich habe das in eigener Verantwortung geschafft.“ Sie ernten damit die gesamten Lorbeeren persönlich.

Werden Sie dagegen angegriffen und sind die Konsequenzen negativ, können Sie auf der Wir-Ebene reagieren: „Sie sagen, wir haben das im Team entschieden." Sie ziehen andere mit in die Verantwortung hinein.
Wollen Sie die Verantwortung beim Partner lassen, wählen Sie die Ich-Ebene: „Sie sagen, Sie haben sich die Suppe selber eingebrockt."
Problemlösend und auf die Zukunft gerichtet wird die Behandlung des Einwands oder Angriffs, wenn Sie appellieren: „Sie sagen, wir sollten die anstehenden Probleme gemeinsam lösen."
Wer personenneutral und sachlich an einen Einwand herangehen will, wählt die Informations-Ebene: „Sie sagen, es ist schwierig, in einer innovativen Branche auf dem laufenden zu bleiben."

- Sie gewinnen Zeit.
- Sie wehren Angriffe effektiv ab.
- Der Gesprächspartner gibt weitere Informationen, weil seine Gedankenkette noch mal gereizt wird.

Gefahren der Ebenenspiegel

Mit diesen Spiegeln können Sie anderen Menschen Wunden zufügen, weil Sie den anderen sehr persönlich und gezielt ansprechen. Setzen Sie deshalb die Ebenen-Spiegel verantwortlich ein, das heißt, orientieren Sie Ihre Reaktion an den Folgen für sich und den Angreifer. Entscheiden Sie sich lieber für humorvolle und positive Varianten, wenn Ihnen auch gelegentlich eine verletzende Alternative auf der Zunge liegen sollte.

Erfahrungen aus der Praxis

Es kann vorkommen, daß Sie sich in der Ebene vergreifen. Entweder Sie täuschen sich in der Intention des Gesprächspartners, oder Sie irren sich in bezug auf die Akzeptanz Ihres Spiegels beim Gegenüber. Dann wird Ihr Gegenüber vielleicht korrigierend sagen: „Nein, das habe ich nicht gesagt. Ich meine, daß ...". Zeigen

Sie in solchen Situationen Verständnis, und räumen Sie die Mißverständnisse aus. Stimmt Ihr Gesprächspartner zu, wissen Sie, daß er Ihnen bis hierhin gefolgt ist.

Trainieren Sie selbst!

Die besten Erfahrungen haben wir mit einer Einwandkartei gemacht. Schreiben Sie die Angriffe und Einwände auf, zu denen Sie aus dem Stegreif nicht Stellung nehmen konnten. Wenn Sie etwas Zeit und Muße haben, gehen Sie die einzelnen Ebenen durch. Schreiben Sie sich alternative Spiegel auf.
Diese Techniken werden im DAHMS-Erfolgsprogramm zur Schlagfertigkeit intensiv trainiert.

Logikspiegel

Sie können den Gesprächspartner mit den logischen Prinzipien (Voraussetzungen) und Folgen seiner Aussagen konfrontieren. Besonders wirkungsvoll sind diese Spiegel, wenn die Aussagen des Partners auf falschen Prinzipien beruhen und unlogische Folgen beinhalten.
Wollen Sie diese Spiegel in Angriffs- und Verteidigungssituationen logisch korrekt anwenden, erfordert es etwas Zeit und Training. In der Praxis wird deshalb der Anspruch auf logische Korrektheit etwas lockerer gehandhabt.

Wie wird's gemacht?

Prinzipienspiegel

Der Prinzipienspiegel enthält die logische Voraussetzung der Aussage des Gegenübers und kann zum Beispiel eingeleitet werden:

- „Das setzt voraus, daß ...“.
- „Sie setzen voraus, daß ...“.

Zunächst werden wir Ihnen zeigen, wie Sie vorgehen können, um den Prinzipienspiegel logisch einwandfrei anzuwenden.

Jemand begründet zum Beispiel einen Standpunkt mit den Worten:

„Weil Autos bei höheren Geschwindigkeiten mehr Kohlendioxyd freisetzen, muß eine Geschwindigkeitsbegrenzung eingeführt werden.“

Sie reagieren mit der logische Voraussetzung für den Standpunkt:

„Sie setzen voraus, daß für alles, was bei höheren Geschwindigkeiten mehr Kohlendioxyd freisetzt, eine Geschwindigkeitsbegrenzung eingeführt werden muß.“

Der vollständige logische Schluß lautet dann:

Voraussetzung:	Für alles, was bei höheren Geschwindigkeiten mehr Kohlendioxyd freisetzt, muß eine Geschwindigkeitsbegrenzung eingeführt werden.
Tatsache:	Autos setzen bei höheren Geschwindigkeiten mehr Kohlendioxyd frei.
Schluß:	Deshalb muß eine Geschwindigkeitsbegrenzung für Autos eingeführt werden.

Nachdem Sie die Voraussetzung genannt haben, fragen Sie die Zustimmung des Gesprächspartners ab. Stimmt er zu, greifen Sie die Voraussetzung an, etwa so:

„Ein Jogger setzt auch mehr Kohlendioxyd frei als ein Spaziergänger. Ist Ihre Voraussetzung richtig, so muß eine Geschwindigkeitsbegrenzung für Menschen eingeführt werden. Diese Ansicht widerspricht dem gesunden Menschenverstand. Also ist die logische Voraussetzung ungültig, damit ist der logische Schluß falsch und der Standpunkt so nicht zu halten.“

In Angriffssituationen ist meist wenig Zeit, um den Standpunkt des Gegenübers logisch zu überprüfen. Deshalb ist es nützlich, die geläufigen Folgerungen und Voraussetzungen des Gegenübers zu kennen. Gut vorbereitet fällt es auch in diesem Fall leichter, schlagfertig zu sein.
Um Ihnen einen logischen Fehler nachzuweisen, muß der andere Ihre Aussage logisch überprüfen, dies ist in der Regel natürlich auch eine Überforderung für ihn.
In Diskussionen ab etwa vier Personen ist schon hinreichend Zeit, um die Aussagen der Teilnehmer und Teilnehmerinnen auf ihre Voraussetzungen zu prüfen. Entdecken Sie logische Fehler des Gegners, erwerben Sie sich schnell den Ruf einer Fachfrau oder eines Fachmanns, wenn Sie sie korrekt ansprechen.

Folgespiegel

Der zweite Logikspiegel nennt die Folgen der Aussage des Gesprächspartners. Sie könnten etwa einleitend im Rahmen unseres Beispiels folgern:

- „Daraus folgt, daß der Verkehr noch schlechter fließt."
- „Daraus ergibt sich, daß schnelle Autos nicht mehr verkauft werden können."
- „Aus Ihrer Aussage folgt, daß Arbeitsplätze gefährdet werden."

Nach den Gesetzen der klassischen Logik bildet sich als Folgerung zu unserem obigen Beispiel:

> „Aus Ihrem Standpunkt folgt, daß einige, für die eine Geschwindigkeitsbegrenzung eingeführt werden muß, bei hohen Geschwindigkeiten mehr Kohlendioxyd freisetzen."

Wenn Sie in der Lage sind, mittels der Logik absurde Voraussetzungen und Folgerungen zu finden und den Gesprächspartner damit zu konfrontieren, dann haben Sie das Ziel erreicht.

Beispiele

In der folgenden Tabelle sind die beiden Logikspiegel zusammengefaßt. Der Beispieleinwand lautet: „Weil Sie unlogisch argumentieren, spreche ich nicht mit Ihnen."

Technik	Erklärung
1) Prinzipienspiegel:	Die logische Voraussetzung der Argumentation des Gegenübers wird zurückgegeben.
Einleitung:	Sie setzen voraus, daß ...
Beispiel:	Sie setzen voraus, daß Sie mit allen, die unlogisch argumentieren, niemals ein Wort wechseln.
2) Folgespiegel:	Die logische Folge der Argumentation des Gegenübers wird zurückgegeben
Einleitung:	Aus Ihrer Aussage folgt, daß ...
Beispiel:	Aus Ihrer Aussage folgt, daß Sie mit Menschen nicht sprechen, nur weil sie unlogisch argumentieren!

Vorteile der Logikspiegel

Wer sich auf die Logik beruft, genießt hohes Ansehen beim Publikum.

Finden Sie Ungereimtheiten in der Argumentation des Partners, geht der Punkt an Sie.

Gefahren der Logikspiegel

Oft verstehen die Beteiligten die zugrundeliegende Logik nicht. Sie machen zwar einen gebildeten Eindruck, bleiben aber unverstanden. Damit bleibt der Eindruck eines arroganten Menschen beim Zuhörer.

Sollten Sie an Angreifer, Einwender oder Diskussionsteilnehmer geraten, die die logischen Instrumente besser beherrschen als Sie, sollten Sie besser andere Techniken der Schlagfertigkeit nutzen.

Erfahrungen aus der Praxis

In der praktischen Anwendung dieser beiden Techniken genügen Sie dem logischen Anspruch meist schon, wenn das Gegenüber Ihre Einwandbehandlungen nachvollziehen kann und sie plausibel findet. Häufig scheint logisch, was plausibel klingt. Wenn Sie die Einführungsformulierungen verwenden und es für den Gesprächspartner verständlich klingt, dann haben Sie häufig genug geleistet. Sollte ein Gesprächspartner Sie bei Logikfehlern ertappen, verharmlosen Sie den Fehler, und verlagern Sie den Schwerpunkt Ihrer Aussage:

- „Das mag vielleicht sein. Wesentlich ist hier trotzdem der Punkt, daß ..."
- „Kann sein. Auf jeden Fall gilt es die Augen dafür zu öffnen, daß ..."

Trainieren Sie selbst!

Während Sie Reden und Verhandlungen vorbereiten, prüfen Sie Ihre Argumentation auf logische Korrektheit. Ersetzen Sie unlogische Konstruktionen, damit die Angriffsfläche verringert wird.

Spielen Sie mit den praktisch relevanten Möglichkeiten des Folge- und Prinzipienspiegels. Verwenden Sie die vorgegebenen Satzeinleitungen. Wenn Sie die Logikspiegel anwenden, beobachten Sie das Verhalten des Gegenübers. Bevor Sie bei der ad hoc Anwendung der Logikspiegel Fehler machen, verwenden Sie andere Techniken der Schlagfertigkeit.

Im Gegensatz zu den Logikspiegeln sind die Gewichtungsspiegel einfach zu erlernen und anzuwenden.

Gewichtungsspiegel

Vielfach werden im Alltag die Aussagen anderer Menschen gewichtet. Wir alle haben darin Routine und brauchen deshalb bei den Gewichtungsspiegeln nur bewußt und zielorientiert tun, was wir sowieso machen.
Der Untertreibungsspiegel verharmlost den Einwand des Gegenübers, spielt ihn herunter. Die Abschwächung eröffnet einen neuen bagatellisierenden Blickwinkel für den Einwender oder Angreifer.
Der Übertreibungsspiegel gibt den Angriff deutlich verstärkt zurück. Ziel dabei ist es, den Angreifer zu einem Dementi zu reizen.

Wie wird's gemacht?
Einen Angriff können Sie bagatellisieren, indem Sie abschwächende Wörter verwenden, zum Beispiel:

• manchmal	• erstmalig	• gelegentlich
• selten	• zufällig	• in diesem Falle
• hier	• ab und an	• ausnahmsweise
• jetzt	• nur	• ab und zu
• dann und wann	• allenfalls	• beiläufig
• hin und wieder	• vereinzelt	• von Zeit zu Zeit
• wenig	• bloß	• unvorhersehbar

Sie schwächen eine allgemeine Behauptung als Einzelfall ab, die nur hier und jetzt, zufällig und ausnahmsweise gültig ist.

Angriff:	„Sie sind zu spät!“
Untertreibungs-spiegel:	„Sie sagen, ich komme selten zu spät.“
	„Sie sagen, daß ich fast immer pünktlich bin.“
	„Sie sagen, ich habe mich das erste Mal seit fünf Jahren geringfügig in der Zeit verkalkuliert.“

Sie übertreiben, indem Sie sich umgekehrt verhalten und Aussagen pauschalisieren. Sie behaupten, daß die Angriffe immer gelten und die Regel sind. Beispiel:

Angriff:	„Sie sind zu spät!“
Übertreibungs-spiegel:	„Sie sagen, ich komme immer zu spät.“
	„Sie sagen, ich war noch nie pünktlich.“

Sie können auch inhaltlich übertreiben. Beispiel:

Angriff:	„Sie sind zu spät!“
Übertreibungs-spiegel:	„Sie sagen, jetzt ist alles aus.“
	„Sie sagen, Sie können Ihren ganzen Tagesplan deshalb auf den Müll werfen.“

Beispiele

Einwand:	„Sie können nicht mit Ihren Mitarbeitern umgehen.“
Untertreibungs-spiegel:	„Sie sagen, daß es schon mal zu kleineren Meinungsverschiedenheiten kommt.“

Einwand:	„Ihr Beitrag zu dieser Aufgabe ist miserabel.“
Untertreibungs-spiegel:	„Sie sagen, daß mein Vorschlag noch etwas genauer formuliert werden könnte.“

Einwand:	„Sie sind ein inkompetenter, hilfloser Tropf.“
Untertreibungs-spiegel:	„Sie sagen, daß ich manchmal auf die Mitarbeit von Kollegen setze.“

Einwand:	„Du läßt mich links liegen."
Übertreibungs-spiegel:	„Du sagst, daß mich Deine Aussagen noch nie berührt hätten."

Einwand:	„Sie lassen alles laufen."
Übertreibungs-spiegel:	„Sie sagen, daß ich mich niemals um etwas kümmere."

Einwand:	„Sie haben sich in den Verhandlungen übervorteilen lassen."
Übertreibungs-spiegel:	„Sie sagen, daß ich unsere Produkte immer zum Fenster herausschmeiße."

Vorteile der Gewichtungsspiegel

Untertreiben Sie, so nehmen Sie Dampf aus Gesprächen, die Wogen glätten sich nach und nach.
Übertreibungen öffnen die Augen für wirklich schlimme Konsequenzen oder Verhaltensweisen, die glücklicherweise nicht eintraten.

Gefahren der Gewichtungsspiegel

Wer untertreibt, zeigt wenig Verständnis für die Gefühle des Partners. Hat Ihr Gesprächspartner wegen Ihrer zehnminütigen Verspätung Höllenqualen gelitten oder sehr hohe Ansprüche an die Pünktlichkeit seiner Umgebung, kann Ihr untertreibendes „nur zwei Minuten" einen Vulkan ausbrechen lassen.
Übertreibungsspiegel geben dem Gesprächspartner durch ihren zustimmenden Charakter immer eine Vorlage zu weiteren Verstärkungen. Reagieren Sie auf die Bemerkung: „Du bist unpünktlich." mit: „Du sagst, ich sei noch nie pünktlich gewesen.", braucht Ihr Gegenüber nur mit „ja" zu antworten, und Sie haben den Schwarzen Peter.

Erfahrungen aus der Praxis

Gerade der Übertreibungsspiegel bietet Ihnen viele Möglichkeiten zu humorvollen und schlagfertigen Aussagen. Deshalb setzen Sie auch Ihre Körpersprache unterstützend ein. Lächeln Sie, während Sie übertreiben, und neigen Sie den Kopf leicht seitlich. Sollte Ihr Gesprächspartner versuchen, Sie über ein zustimmendes „ja" schachmatt zu setzen, können Sie immer noch behaupten, daß Ihre Aussage als Scherz gemeint gewesen sei.
Stark abschwächende Aussagen rufen meist Opposition hervor und verfehlen daher oft das Ziel, den Partner zu beruhigen. Leichte Untertreibungen wirken oft besser, denn geringfügige Abschwächungen werden meist widerspruchslos akzeptiert.

Trainieren Sie selbst!

Immer, wenn Sie mit wertenden Aussagen konfrontiert werden, können Sie trainieren. Möglichkeiten gibt es also wie Sand am Meer.
Sagt jemand etwas Positives über Sie, übertreiben Sie leicht, damit der Aufwand, den Sie getrieben haben, größer wird:

- „Dafür habe ich hart gearbeitet."
- „Das sind die Früchte jahrelanger guter Zusammenarbeit."

Werden Sie kritisiert, ist es ratsam, vorsichtig zu bagatellisieren. Schwächen Sie die Aussage des anderen beispielsweise ab durch:

- „Das ist jetzt das erste Mal gewesen."
- „Manchmal bringt mich das Verhalten von Herrn Reizig auf die Palme."

Die Stimmung des Gegenübers sollte immer berücksichtigt werden. Übertreibungs- und Untertreibungsspiegel dienen nicht dazu, herrschenden Stimmungen zu widersprechen, dieses Verhalten wäre konfliktträchtig. Bestehende Gefühle sollten aufgenommen und nur leicht verändert werden.

Zeitspiegel

In der Schlagfertigkeit lassen sich drei zeitliche Ebenen über die Spiegel ansprechen: Vergangenheit, Gegenwart, Zukunft.
Sprechen wir über die Vergangenheit, sind wir uns unserer Fehler bewußt und unserer Erfolge sicher. Wir können uns auf Erfahrungen berufen und wissen um die Konsequenzen vollzogener Handlungen. Aus der Vergangenheit können wir lernen.
In der Gegenwart können wir gestalten, unser Können und unsere Phantasie einsetzen, um Zielen ein Stück näher zu kommen. In der Gegenwart treffen wir aber auch falsche Entscheidungen und machen Fehler. Wir genießen die Gegenwart in Gesellschaft netter Menschen, oder wir können uns einem guten Buch widmen. Die Gegenwart ist das Bindeglied zwischen Vergangenheit und Zukunft.
Die Zukunft hält die Option bereit, besser zu werden. Wir können planen, uns Ziele setzen, um in der Gegenwart die Zukunft zu gestalten. Wir können die nützlichen Verhaltensweisen aus der Vergangenheit beibehalten und die unnützen durch nützliche ersetzen. Wir können durch Problemlösungen in der Gegenwart die Zukunft gestalten.

Jeder Angriff und jeder Einwand läßt sich auf alle drei zeitlichen Ebenen projizieren. Die Zeitspiegel werden häufig verwendet, um einen erwünschten zeitlichen Bezug herzustellen oder einen unerwünschten zu verlassen.

Wie wird's gemacht?

Vergangenheitsspiegel
Sie projizieren den Einwand Ihres Gegenübers in die Vergangenheit.

Beispiel:
Ihr Chef formuliert wegen des Umsatzeinbruchs den Einwand:

Chef:	„Ihr Umsatz ist im Vergleich zum Vorjahr um 15% geschrumpft.“

Dann ist es bei entsprechender Sachlage möglich zu erwidern:

Sie:	„Sie sagen, früher waren wir Alleinanbieter.“

Wird diese Formulierung vom Chef akzeptiert, haben Sie die unterschiedlichen Bedingungen Ihres Arbeitsfeldes aufgezeigt. Sie weiten den Blickwinkel des Gegenübers und schaffen Verständnis für die gegenwärtige Situation.

Gegenwartsspiegel
Beim Gegenwartsspiegel geben Sie die Aussage des Gegenübers bezogen auf die Gegenwart zurück.

Beispiel:
Ein Vorgesetzter oder Kollege zu Ihnen:

Vorgesetzter:	„Sie haben einen Fehler gemacht. Das hätte nicht passieren dürfen.“

Sie können jetzt auf die Gegenwart reflektieren mit der Formulierung:

Mitarbeiter:	„Sie sagen, daß wir daraus viel lernen.“

Die übliche Suche nach dem Schuldigen kann nun nicht stattfinden, weil das Gespräch in der Gegenwart gehalten wird. Schuldige werden nur in der Vergangenheit gesucht.

Zukunftsspiegel
Sie beziehen die Aussage auf die Zukunft. Der Spiegel bietet Lösungsmöglichkeiten an.

Beispiel:
Ein unzufriedener Kunde formuliert den Einwand:

Kunde:	„Ihr Serviceberater ist eine Knalltüte."

Sie:	„Sie sagen, daß Sie sich in Zukunft direkt an mich wenden werden."

Mit dem Zukunftsspiegel ersparen Sie sich langwierige Erörterungen über Probleme und deren Ursachen. Sie lösen das Problem kurzerhand und erledigen damit die Angelegenheit.

Beispiele

Einwand:	„Sie können mit Ihren Kindern nicht umgehen."

Vergangenheitsspiegel:	Die Bemerkung des Gegenübers wird auf die Vergangenheit bezogen.
Formulierung:	Sie sagen, früher ...
Beispiel:	„Sie sagen, früher haben es die Menschen bei der Erziehung leichter gehabt."

Gegenwartsspiegel:	Die Bemerkung des Gegenübers wird auf die Gegenwart bezogen.
Formulierung:	Sie sagen, jetzt ...
Beispiel:	„Sie sagen, jetzt ist es notwendig, auf Kinder besonders intensiv einzugehen."

Zukunftsspiegel:	Die Bemerkung des Gegenübers wird in die Zukunft projiziert.
Formulierung:	Sie sagen, zukünftig ...
Beispiel:	„Sie sagen, zukünftig werden wir unsere Erziehungsmethoden verändern."

Vorteile der Zeitspiegel

Wenn Ihnen Schuld (Vergangenheitsbezug) zugewiesen wird, können Sie leicht einem Gespräch lösungsorientierte Impulse geben, indem Sie die Zukunft ansprechen.

Angriff:	„Sie waren ja gestern schon wieder nicht auf der Sitzung."
Zukunftsspiegel:	„Sie sagen, beim nächsten Mal werden alle Teilnehmerinnen und Teilnehmer eine Woche vorher informiert, damit Sie den Termin einplanen können."

Sollten Sie wegen Ihres gegenwärtigen Verhalten zu Recht angegriffen werden, richten Sie den Blick des Partners ebenfalls auf die Zukunft.

Angriff:	„Sie müßten das eigentlich wissen."
Zukunftsspiegel:	„Sie sagen, ich soll mich in Zukunft besser vorbereiten."

Gibt es für Ihr Verhalten eine plausible Erklärung, finden Sie diese meist in der Vergangenheit.

Angriff:	„Sie müßten das eigentlich wissen."
Vergangenheits-spiegel:	„Sie sagen, trotz grippebedingtem Ausfall von 30% der Belegschaft sollte ich mich in der letzten Woche aus dem Tagesgeschäft zurückziehen und mich gewissenhafter auf diese Diskussion vorbereiten."

Macht sich ein Gesprächspartner Sorgen um die Zukunft, verweisen Sie auf vergangene Krisen, die er bewältigen konnte, oder auf gegenwärtige Erfolge, die er leicht selbst in die Zukunft projizieren kann.

Feststellung:	„Ich weiß nicht, ob wir das überstehen."
Spiegel:	„Sie sagen, vor zwei Jahren sah es böse aus und wir haben es auch geschafft. Außerdem haben wir noch das Eisen bei der FORTUNA AG im Feuer. Mit vereinten Kräften werden wir es schaffen."

Gefahren der Zeitspiegel

Sollte der Gesprächspartner Ihre vorgeschlagene Ebene nicht akzeptieren wollen, können kleinere Mißverständnisse entstehen. Räumen Sie diese aus, indem Sie sich auf die Ebene des Partners zurückbegeben.

Erfahrungen aus der Praxis

Wollen Sie die Zeitebene des Gespräches ändern, sind die Zeitspiegel ein sanftes Instrument. Sie eröffnen dem Gesprächspartner eine anderen zeitlichen Bezug und zeigen ihm damit neue

Alternativen. Wenn Sie die Zeitspiegel am Nutzen des Partners orientieren, haben Sie ein effektives Werkzeug zur Steuerung von Gesprächen.

Trainieren Sie selbst!

Sensibilisieren Sie sich auf die Zeitworte in den Aussagen Ihres Partners wie zum Beispiel: jetzt, gerade, nun, demnächst, zukünftig, dann, früher, damals etc. Wechseln Sie übungshalber selber häufiger die Zeiten, achten Sie auf die Wirkung. Das Lernprogramm enthält auch zu diesen Techniken einige Trainingsbeispiele.

Metapherspiegel

Eine Metapher ist ein sprachlicher Ausdruck, bei dem ein Wort (Wortgruppe) aus seinem angestammten Zusammenhang in einen anderen übertragen wird.
Metaphern sind sehr häufig in der deutschen Sprache. Meist sind wir so an die gängigen Metaphern gewöhnt, daß wir die Bilder nicht mehr als solche wahrnehmen, zum Beispiel:

- „Du bist unser Sonnenschein."
- „Du bist der Motor der Firma."
- „Du bist die Quelle meiner Freude."
- „Du bist ein Esel."
- „Du bist ein wandelndes Lexikon."

Viele Bilder (übrigens wieder eine Metapher) eröffnen überraschende Interpretationsmöglichkeiten und damit der Schlagfertigkeit Tür und Tor (Metapher).
Der Metapherspiegel enthält die vom Partner gewählten Vorstellungen und malt das Bild zu Ihren Gunsten aus.

Wie wird's gemacht?

Zum Beispiel sagt ein Kollege zu Ihnen:

Kollege:	„Sie sind eine Marionette der Geschäftsleitung."

Hier wählt der Angreifer das Bild eines Puppenspiels. Sie erwidern auf diesen unfairen Einwand im Bild des Puppentheaters:

Sie:	„Sie sagen, daß ich zu Ihrer Unterhaltung beitrage.“

oder

Sie:	„Sie sagen, es ist eine Kunst, mich zu führen.“

Beispiele

Angriff:	„Sie Rindvieh.“
Metapherspiegel:	„Sie sagen, ich kaue schwere Brocken immer wieder, bis sie gelöst werden können.“

Angriff:	„Sie sind doch eine Krücke.“
Metapherspiegel:	„Sie sagen, ich bin eine verläßliche Stütze.“

Angriff:	„Deine Vorschläge sind für den Papierkorb.“
Metapherspiegel:	„Du sagst, ich bin so innovativ, daß unsere Papiertiger das nicht alles umsetzen können.“

Bedeutend ist der Metapherspiegel für die Schlagfertigkeit durch die umfangreichen Interpretationsmöglichkeiten. Nehmen wir beispielsweise das „wandelnde Lexikon“ und leuchten den Spielraum für eine metaphorische Reaktion etwas aus:

- „Du sagst, ich weiß ’ne ganze Menge.“
- „Du sagst, ich habe viele Seiten.“
- „Du sagst, Du möchtest besser in mir lesen können.“
- „Du sagst, ich kehre Dir häufig den Rücken zu.“

- „Du sagst, Du kannst in mir lesen wie in einem Buch."
- „Du sagst, ich falle Dir immer ein, wenn Du mit Deinem Wissen am Ende bist."
- „Du sagst, ich habe viele Seiten, die Du nicht verstehst."
- „Du sagst, ich bin sehr wertvoll."
- „Du sagst, ich stelle mein Wissen sehr übersichtlich und strukturiert dar."
- „Du sagst, Du brauchst nur Deine Hand nach mir auszustrekken, um Hilfe zu bekommen."

Diese Beispiele zeigen, daß gespiegelte Metaphern eine ungewöhnliche Bandbreite an Reaktionsmöglichkeiten bieten. Spontan und passend zur Situation eingesetzt, entstehen dadurch humorvolle Antworten, die Sie enorm schlagfertig machen. Die deutsche Sprache ist an Bildern so reich, daß sich an dieser Quelle viele Durstige laben können.

Vorteile des Metapherspiegels

Das Bild repräsentiert einen Teil der Welt Ihres Gegenübers. Verändern Sie das Bild, verändern Sie die Welt, die dahintersteht. Ist die von Ihnen vorgeschlagene Veränderung mit dem Bild des Partners vereinbar, wird er die Veränderung nachvollziehen.

Gefahren des Metapherspiegels

Aus unserer Erfahrung heraus ist diese Technik ohne Gefahren anwendbar. Zwar können Veränderungen vorgeschlagen werden, die nicht ins Bild passen. Diese Vorschläge werden allerdings abgelehnt oder bleiben unverstanden. Beides gefährdet weder Sie noch Ihren Gesprächspartner.

Erfahrungen aus der Praxis

Viele Bilder sind uns so in Fleisch und Blut übergegangen, daß wir sie im Schlaf anwenden.

In den sprachlichen Bildern eines Menschen drückt sich die Welt dieses Menschen aus. Wenn Sie Ihre Aussagen in die Bilder des Gegenübers kleiden, passen Ihre Aussagen automatisch in die Welt

des Partners. Er kann Ihre Vorschläge verstehen, Ihre Kritik annehmen und über Ihre Witze lachen, weil Sie sich in seine Welt einpassen.
Der Metapherspiegel ist eine schlagfertige Antwortstrategie. Metaphorisches Sprechen ist jedoch weit mehr als das. Es eröffnet die Möglichkeit, effizient zu überzeugen, indem Sie die Metaphern des anderen in Ihrer Argumentation verwenden. Die Welt des anderen läßt sich über die Ansprache und Veränderung seiner Bilder überzeugend ansprechen.

Trainieren Sie selbst!

Achten Sie auf die Bilder Ihrer Umgebung, und spiegeln Sie munter drauf los. Es macht Spaß und läßt Menschen lachen. Der Metapherspiegel läßt die Sonne scheinen, und die Farben Ihrer Welt treten deutlich hervor. Diese Spiegeltechnik wird ebenfalls im DAHMS-Erfolgsprogramm zur Schlagfertigkeit intensiv trainiert.

Entlarvungsspiegel

Mit der nächsten Technik spiegeln Sie das Verhalten des Gesprächspartners. Sie verblüffen den Angreifer, weil Sie unerwartet von einer inhaltlichen Ebene aus das Verhalten des anderen ansprechen.
Ziel des Entlarvungsspiegels war ursprünglich, den Gesprächspartner mit seinen kommunikativen Strategien zu konfrontieren, um ihm sein sprachliches Verhalten bewußt zu machen. Heute dient dieser Spiegel auch dazu, körpersprachliche Veränderungen des Partners anzusprechen.

Wie wird's gemacht?

Wollen Sie Ihr Gegenüber auf die verwendeten Techniken ansprechen, formulieren Sie beispielsweise:

- „Sie wenden die Umdefinition an."
- „Du versuchst, mich argumentativ zu überzeugen."
- „Sie antworten ausweichend, um zu dem Kritikpunkt nicht Stellung nehmen zu müssen."

Wollen Sie die körpersprachlichen Veränderungen des Gegenübers in das Gespräch einfließen lassen, sagen Sie:
- „Sie bekommen hektische Flecken."
- „Du lehnst Dich zurück, weil Du Dir der Sache sehr sicher bist."
- „Du meidest Blickkontakt, weil Du nicht genau weißt, wie Du Dich in dieser Situation verhalten sollst."

Bei diesen Spiegeln können Sie auf die gewohnten Einleitungen „Sie sagen", „Du sagst", „Sie fragen sich" oder „Du fragst Dich" verzichten, weil Sie sich nicht auf den Inhalt der Angriffe, Einwände oder Aussagen beziehen, sondern das körpersprachliche Verhalten oder die kommunikative Strategie des anderen ansprechen.

Vermuten Sie einen Grund für das Verhalten des Partners, können Sie diesen in einer Begründung an die Entlarvung anschließen. Dies macht dem Partner die Wirkung seines Verhaltens bewußt. Vielleicht können Sie ihn damit auch sanft provozieren und ihn dadurch aus der Reserve locken.

Beispiele

Wendet ein Angreifer beispielsweise die Umdefinition an, können Sie reagieren mit:

Entlarvungsspiegel:	„Sie wenden die Umdefinition an."
Unterstellung: (negativ)	„... und wollen mir damit das Wort im Munde herumdrehen."
Unterstellung: (positiv)	„... und geben mir damit die Möglichkeit, meine Schlagfertigkeit unter Beweis zu stellen."

oder:

Entlarvungsspiegel:	„Sie haben wohl auch Dahms gelesen und trainieren jetzt fleißig die Umdefinition."
Unterstellung: (negativ)	„,... Bis Sie die Technik schlagfertig statt plump anwenden können, müssen Sie noch viel üben."
Unterstellung: (positiv)	„,... Sie machen dabei gute Fortschritte. Herzlichen Glückwunsch!"

Neben dem Aufzeigen des Technikeinsatzes können Sie auch körpersprachliches Verhalten spiegeln. Lehnt sich der andere in einer Gesprächsphase zurück, sagen Sie:

Entlarvungsspiegel:	„Sie machen es sich bequem."
Unterstellung: (negativ)	„,... und verkennen den Ernst der Lage."
Unterstellung: (positiv)	„,... und fühlen sich wohl und gut aufgehoben."

Rutscht Ihr Gesprächspartner auf dem Stuhl herum, während er zu einem Kritikpunkt Stellung nehmen soll, sagen Sie:

Entlarvungsspiegel:	„Sie rutschen auf dem Stuhl herum."
Unterstellung: (negativ)	„,..., weil Sie nicht wissen, wie Sie Stellung nehmen sollen."
Unterstellung: (positiv)	„,..., weil Sie nach einer geeigneten Formulierung suchen."

Vorteile des Entlarvungsspiegels

- Sie zeigen, daß Sie die kommunikativen Instrumente des Partners bewußt wahrnehmen; das verschafft Überlegenheit.
- Körpersprachliches Verhalten wird im Überzeugungsprozeß angesprochen.
- Sie schärfen Ihre Wahrnehmung.
- Einwände und Angriffe brauchen inhaltlich nicht behandelt werden.
- An den Entlarvungsspiegel können Sie eine Unterstellung anschließen. Damit können Sie einem Angreifer niedere Beweggründe unterschieben oder ihn durch eine unerwartet positive Reaktion verblüffen.

Gefahren des Entlarvungsspiegels

- Sie verunsichern Ihren Gesprächspartner vielleicht und schaden damit dem Überzeugungsprozeß.
- Der Gesprächspartner kann sich durchschaut fühlen. Durchschauen Sie den anderen gegen seinen Willen, treten Sie ihm zu nahe, wird er Sie auf Distanz halten wollen. Lösen Entlarvungen (mit negativen Unterstellungen) widerwilliges Verhalten beim Partner aus und wird daraufhin erneut entlarvt, eine Beziehung geht möglicherweise schnell in die Brüche. Beispiel:

Partner:	„Ich habe jetzt keine Zeit."
Entlarvung:	„Du nimmst Deinen Blickkontakt weg, weil Du mir nicht in die Augen sehen kannst, wenn Du lügst."
Partner:	„Ich habe jetzt keine Lust, mit Dir zu streiten."
Entlarvung:	„Du drückst Dich, weil Du weißt, daß ich recht habe."
Partner:	„Hör bitte auf!"

Entlarvung:	„Du windest Dich, weil ich stärker bin."
Partner:	„Ich gehe jetzt (zum Scheidungsrichter)!"

Positive Unterstellungen verändern die Situation sofort.

Partner:	„Ich habe jetzt keine Zeit."
Entlarvung:	„Du nimmst Deinen Blickkontakt weg, weil Du sehr viel zu tun hast."
Partner:	„Ich habe jetzt keine Lust auf lange Erklärungen."
Entlarvung:	„Du behandelst Deine Arbeit vorrangig."
Partner:	„Ja."
Entlarvung:	„Du stimmst dem zu, weil Du auf mein Verständnis baust."
Partner:	„Komme in zwei Stunden wieder, dann bin ich fertig."

Erfahrungen aus der Praxis

Der Entlarvungsspiegel ist ein sehr wirkungsvolles Instrument. Er kann sehr schlagfertig machen, weil Sie unerwartet von der Sach- auf die Verhaltensebene wechseln. Sie können durch Wertungen stark auf den Angreifer oder Gesprächspartner einwirken. Setzen Sie positive Wertungen ein, um eine gute Beziehung zu Ihrem Gesprächspartner aufzubauen. Halten Sie in angenehmer Art und Weise die Zügel in der Hand.

Haben Sie im Publikum oder in einer Diskussionsrunde einen Angreifer, der durch ständige störende Einwürfe die Veranstaltung gefährdet, können Sie auch die härteren Varianten der Entlarvung einsetzen. Beispiel:

Angreifer:	„Sie haben doch keine Ahnung."
Entlarvung:	„Sie äußern sich unqualifiziert, um Aufmerksamkeit zu erregen und merken scheinbar gar nicht, daß Sie sich lächerlich machen."

Durch den Ebenenwechsel ersparen Sie sich langwierige und kräftezehrende Auseinandersetzungen auf der Inhaltsebene. Ihren Zuhörern ersparen Sie ein fruchtloses Kräftemessen zwischen Ihnen und dem Angreifer. Der Dank des Publikums wird Ihnen dafür sicher sein.
Trotzdem sei zur Vorsicht geraten, weil Sie die Beziehung zum Angreifer zerstören. Mit diesem Vorgehen machen Sie sich vielleicht einen Feind im Saal. Selbst in solchen Situationen können Sie noch mit positiven Unterstellungen arbeiten:

Angreifer:	„Sie haben doch keine Ahnung."
Entlarvung:	„Sie verwenden starke Worte, weil Sie Angst haben, sonst überhört zu werden."

Trainieren Sie selbst!

Sprechen Sie in der ersten Trainingsphase nur das Verhalten oder die kommunikative Strategie des Gegenübers an. Eine kleine anschließende Pause gibt dem Partner Zeit zu reagieren.
In der nächsten Phase unterstellen Sie zusätzlich Motive, die Ihrer Meinung nach auf die Intention des anderen zutreffen. Zustimmende Reaktionen des Partners bedeuten, daß Ihre Wahrnehmung auch der Sicht des Gegenübers entspricht, und die Beziehung wird sich verbessern. Korrigiert der andere, lernen Sie ihn dadurch besser kennen und schärfen zusätzlich Ihre Wahrnehmung.
In der dritten Phase des Trainings üben Sie positive Unterstellungen, die die Beziehung zum anderen verbessern werden.
Ist für alle Beteiligten klar, daß es sich um eine Trainingssituation handelt (Seminarsituation), setzen Sie die ganze Palette der Schlagfertigkeit ein, um den Entlarvungsspiegel zu

trimmen: Unterstellen Sie bagatellisierend oder übertreibend, gegenwarts-, zukunfts- oder vergangenheitsbezogen, metaphorisch, logisch oder ebenenbezogen. Machen Sie die Körpersprache des Partners zum Gesprächsgegenstand.
Sie nehmen mit der Zeit viel genauer wahr und sensibilisieren sich für körpersprachliche Signale.

Sinneskanalspiegel

Sie verfügen über fünf Antennen, mit denen Sie Ihre Umwelt wahrnehmen. Augen, Ohren, Haut, Nase und Zunge verschaffen Ihnen Zugang zur Welt.
Die folgende Tabelle faßt diese fünf Wahrnehmungssysteme kurz zusammen:

Bezeichnung des Wahrnehmungssystems	**Verb des zugehörigen Sinneskanals**
visuell	sehen
auditiv	hören
kinästhetisch	fühlen
olfaktorisch	riechen
gustatorisch	schmecken

Sprachlich können Sie durch die Worte Ihres Gegenübers erkennen, in welchem Sinneskanal es sich gerade befindet.
Wir möchten Ihnen ein Beispiel geben, um die Behauptung zu belegen. Ein junger Mann war zu einer Jagd eingeladen und beschreibt hinterher einem Freund einige seiner Eindrücke. Erleben Sie einige Ausschnitte seiner Schilderungen auf allen fünf Ebenen mit. Die kursiv gedruckten Worte verweisen auf den jeweils genutzten Sinneskanal.

visuell:

... Die ersten hellen Sonnenstrahlen tauchten die Fassade des Schlosses in ein schimmerndes Rot. Mächtige Baumriesen säumten den Weg und spielten mit Licht und Schatten. Ich erblickte schon bald das strahlende Eingangsportal. Meine Augen freuten sich. Eine große Pferdekutsche war zu sehen. ... Gefesselt wurde mein Blick durch eine junge Schönheit.

auditiv:

Plötzlich erklang vertraut und wohltuend die Stimme des Grafen. Der Graf und ich wechselten gerade ein paar Worte, als er sein Ohr den Neuankömmlingen zuwendete. Wohlklingende Namen wurden sich zugeflüstert. Er erklärte mir in gedämpftem Ton den Weg zum Frühstückssaal. „Immer der Musik nach." sagte er. Ich vernahm schon bald die zauberhaft klingende Stimme der jungen Schönheit. Dann betrat ich den großen Rittersaal. Ich lauschte. Ein paar Wortfetzen über eine bevorstehende Firmenfusion schwirrten in meinen Ohren. Mit einem gierigen Unterton wurde über das nahe Ende einer Erbtante Bestürzung geübt. ...

kinästhetisch:

Ich fühlte mich in der kleinen Runde gleich wohl. Ein Gefühl von Herzlichkeit und Zuneigung ergriff mich. Sollte ich mir ein Herz fassen und sie ansprechen? Pack die Gelegenheit beim Schopfe, sagte ich zu mir. ...

olfaktorisch:

... Nachdem wir die Nasen in den Wind gesteckt hatten, kamen wir nach Schweiß riechend in den Schloßhof zurück. Ein Duft von erlesenen Genüssen zog durch das Schloß. Eine echte Herausforderung für das Riechorgan.

gustatorisch:

Das Wasser lief mir bereits im Munde zusammen. Graf Oralo verwöhnte wieder einmal die Zungen. Jeder Geschmacksnerv wurde einzeln gereizt. Die geschmackvoll gekleidete Hofdame änderte die Sitzordnung, so daß die junge Lady Dee mit mir zusammen speiste. Ich träumte von gemeinsam vernaschter Erdbeercreme. Wir ließen uns jeden Bissen auf der Zunge zergehen. Wir genossen gemeinsam noch einige köstliche Momente. Dann verabredeten wir uns zum Essen für den nächsten Tag.

Von den fünf Kanälen sind die ersten drei die wichtigsten.
Das Beispiel zeigt, daß Sie sehr treffend Wahrnehmungssysteme ansprechen können.

Ziel des Sinneskanalspiegels ist es, den eigenen Kanal dem des Gegenübers anzupassen. Ist der Gesprächspartner beispielsweise ein Augentier, so senden Sie Ihre Botschaften, indem Sie visuelle Anteile betonen. Der Gesprächspartner kann dann in seinem Kanal bleiben und wird Ihre Worte leichter akzeptieren. Bei der Behandlung von Einwänden oder Angriffen können Sie ähnlich verfahren.

Wie wird's gemacht?

Der einfache Trick liegt darin, Substantive, Verben und Adjektive zu verwenden, die den gewünschten Kanal reizen. In unserer kleinen Jagdgeschichte wurden die Worte kursiv gedruckt. Es gibt natürlich viel mehr. Einige Anregungen haben wir Ihnen zusammengefaßt:

visuell:

Substantive:	Sonnenstrahlen, Licht, Schatten, Augen, Blick, Sonne, Blickpunkt, Ansicht, Schauplatz
Verben:	schimmern, übersehen, etwas vorhersehen, erblicken, sehen,

Adjektive:	hell, klar, rot, grün, kurzsichtig sein
Redensarten:	Laß die Sonne in Dein Herz. Schwarz sehen. Alles im grünen Bereich? Auf rosa Wolken schweben. Den Durchblick haben. Wenn wir uns das mal bei Licht betrachten.

auditiv:

Substantive:	Stimme, Unstimmigkeiten, Harmonie, Geräusch, Ohr, Übereinstimmungen, Ton, Musik, Unterton, Widerspruch, Mißklang, Dissonanzen, Absprache, Zugeständnis, Einspruch, Anspruch
Verben:	zuhören, klingen, stimmen, anstimmen, abstimmen, einstimmen, widersprechen, lauschen, vorbeirauschen, verschweigen
Adjektive:	wohlklingend, jammervoll, klangvoll, harmonisch, sang- und klanglos, lautstark, leise, kleinlaut, tonangebend, taktlos
Redensarten:	Ich glaube, ich höre nicht richtig. Der Ton macht die Musik. Sich das Jawort geben. Ich lege ein gutes Wort für Dich ein. Den Groschen fallen hören. Jemandem Gehör schenken. Mit Pauken und Trompeten durchfallen. Du hast ja von Tuten und Blasen keine Ahnung. Der Himmel hängt voller Geigen. Das ist Musik für meine Ohren. Nur mit einem Ohr hinhören. Davon kann keine Rede sein.

kinästhetisch:

Substantive:	Gefühl, Hand, Handwerker, Hammer, Schlag, Schlagfertigkeit, Stoß, Rückschlag

Verben:	fühlen, ergreifen, sich zusammenreißen, wortbrüchig werden, schlucken, greifen, fassen, packen, abwürgen, runterschlucken, lieben, ärgern
Adjektive:	standfest, butterweich, stürmisch, weinend, ärgerlich, erfreut, liebevoll, anhänglich
Redensarten:	Du hast Dich in die Nesseln gesetzt. Es geht bei uns Schlag auf Schlag. Es läuft mir heiß und kalt den Rücken runter. Du bist aus der Rolle gefallen. Aus dem Gleichgewicht sein. Ich steig' Dir aufs Dach. Ich fahre so leicht aus der Haut. Jemanden auf Rosen betten. Die Hände über dem Kopf zusammenschlagen. Du hast zwei linke Hände.

olfaktorisch:

Substantive:	Nase, Duft, Geruch, Gestank, Spürnase, Schnüffler, Riechorgan
Verben:	riechen, schnuppern, schnüffeln
Adjektive:	duftig, riechend, blumig
Redensarten:	Die Nase rümpfen oder voll haben. Mir stinkt das. Etwas unter die Nase reiben. Einen Riecher für etwas haben. Du mußt die Nase überall hineinstecken. Sie haben wohl Lunte gerochen.

gustatorisch:

Substantive:	Mund, Zunge, Geschmacksnerv, Bissen, Essen, Gaumenfreude
Verben:	vernaschen, kauen, durchkauen, beißen, wiederkäuen

Adjektive:	geschmackvoll, köstlich, sauer, süß, salzig, bitter
Redensarten:	Mit Engelszungen reden. Zum Kotzen finden. Das stößt mir übel auf. Ein gefundenes Fressen sein. Eine bittere Erfahrung. Ein armer Schlucker sein. Das liegt mit schwer im Magen. Die Sache hat noch einen faden Nachgeschmack. Die Suppe kannst Du aber alleine auslöffeln. Das Salz in der Suppe sein.

Beispiele

Schauen wir uns dazu an, wie ein Einwand in den fünf Wahrnehmungssystemen ausgedrückt werden kann. Der Einwand ist: „Mir schmeckt das Essen nicht."

Wahrnehmungs-system	**Einwandformulierung**
visuell	Das sieht ekelhaft aus.
auditiv	Wenn du die Kelle in den Eintopf steckst, klingt das, als ob die Grube ausgefahren wird.
kinästhetisch	Ich habe das Gefühl, mich übergeben zu müssen.
olfaktorisch	Das riecht ja furchtbar.
gustatorisch	Das Essen schmeckt nicht.

Die entsprechenden Sinneskanalspiegel:

Wahrnehmungs-system	**Einwandformulierung**
visuell	„Du sagst, das Essen beleidigt Deine Augen. Es sieht schon etwas vergammelt aus."
auditiv	„Du sagst, das hört sich etwas ungewöhnlich an."
kinästhetisch	„Du sagst, Du fühlst Dich nicht so gut."
olfaktorisch	„Du sagst, der Geruch ist neu für Dich."
gustatorisch	„Du sagst, daß Dir die Speisen nicht munden."

Vorteile der Sinneskanalspiegel

- Wenn Sie den Kanal Ihres Gesprächspartners finden und an sprechen, sind Sie sehr überzeugend.
- Ihre Aussagen sind leichter zu akzeptieren.
- Ihnen wird weniger widersprochen.

Gefahren der Sinneskanalspiegel

Aus unserer Erfahrung heraus gibt es keine speziellen Nachteile oder gar Gefahren.

Erfahrungen aus der Praxis

Dieser Spiegeleinsatz behält das Wahrnehmungssystem des Einwenders bei. Dadurch muß das Gegenüber nicht umschalten. Neben den Vorteilen des Zeitgewinns und der Bedeutungsverschiebung haben Sie auch den Vorteil, daß die Beziehungsebene gefördert wird. Sie machen es dem Angreifer leichter, Ihren Aussagen zu folgen.

Trainieren Sie selbst!

Zunächst lernen Sie bitte die aufgelisteten Wörter, die die Kanäle signalisieren. Dies bedeutet nicht auswendig lernen, sondern die einzelnen Wörter den entsprechenden Kanälen zuordnen zu können. Im Trainingsprogramm am Ende des Buches wird diese Technik ebenfalls ausgiebig trainiert.

Emotionsspiegel

Mit dem Emotionsspiegel sprechen Sie das Gefühlsleben Ihres Gegenübers an, so wie Sie es in der jeweiligen Situation wahrnehmen. Bei diesem Spiegel kann auf die einleitenden Formulierungen „Du sagst“ oder „Sie sagen“ verzichtet werden, weil nicht auf das Gesagte, sondern auf die Gefühle des Partners reagiert wird.

Wie wird's gemacht?

Nehmen Sie beispielsweise wahr, daß Ihr Verhandlungspartner rote Flecken im Gesicht hat und hektisch wirkt, können Sie die Gefühlslage des Partners ansprechen mit:

- „Sie sind aufgebracht.“
- „Sie sind ärgerlich.“

Nehmen Sie wahr, daß Ihr Gegenüber ungewöhnlich ruhig ist und den Kopf senkt, sagen Sie:

- „Du bist enttäuscht.“

Das Gegenüber soll sich verstanden und akzeptiert fühlen. Auch wenn der Kontrahent zunächst seinem Ärger Luft macht, bleiben Sie ruhig, und zeigen Sie Verständnis für den anderen Menschen, ohne inhaltlich zuzustimmen. Bleiben Sie sachlich. Kein Hauch von Ironie oder Überheblichkeit darf bei dieser Erwiderung deutlich werden, da der Gesprächspartner sich sonst angegriffen fühlt. Die negativen Emotionen schaukeln sich dann häufig sogar auf.

Nachdem Ihr Gesprächspartner seinen Druck abgebaut hat, können Sie ganz normal mit ihm sprechen.

Beispiele

Angriff:	„Sie sind unzuverlässig.“
Spiegel:	„Sie ärgern sich.“

Angriff:	„Sie haben hinter meinem Rücken schlecht über mich geredet.“
Spiegel:	„Sie sind sauer.“

Aussage:	„Ich habe das große Los gezogen.“
Spiegel:	„Sie sind glücklich.“

Vorteile des Emotionsspiegels

Diese Technik ist in allen Gesprächen einsetzbar, in denen negative Emotionen die Beziehungsebene behindern und sachliches Argumentieren erschweren.
Sind Verhaltensweisen aufgrund positiver Emotionen störend (Albernheit in Diskussionen), läßt sich mit dem Emotionsspiegel das Gespräch leicht zum Thema zurückführen.

Gefahren des Emotionsspiegels

Sprechen Sie mit dem Emotionsspiegel positive Gefühle an, machen Sie diese Emotionen bewußt. Sie schicken den Gespiegelten von der emotionalen auf die rationale Ebene. Jetzt ist dieser Effekt meistens jedoch unerwünscht, denn es ist für Ihren Gesprächspartner viel schöner, die positiven Gefühle weiter zu erleben, statt sie zu bedenken. Wir alle lieben positive Emotionen, freuen uns herzlich, und verlieben uns leidenschaftlich. Lassen Sie dem Mitmenschen diese schönen Empfindungen, indem Sie sie im körpersprachlichen Bereich verstärken.

Erfahrungen aus der Praxis

Durch den Emotionsspiegel werden die Gefühle des Gesprächspartners von ihm selber bedacht. Damit wird das Gefühl in den Kopf geholt und kann rational verarbeitet werden. Bewährt hat sich dieses Vorgehen beispielsweise bei Reklamationen, Einwänden und Angriffen. Aufgebrachte, böse, frustrierte und ärgerliche Kunden werden schnell ruhiger und fühlen sich ernst genommen und verstanden.

Trainieren Sie selbst!

Fangen Sie mit dem Training bei Menschen an, die Sie gut kennen, deren Stimmungen Sie gut einschätzen können. Es fällt dann leichter, das entsprechende Gefühl zu spiegeln. Achten Sie auf die Reaktionen der Umgebung. Weiten Sie später das Training auf Ihnen weniger bekannte Menschen aus. So lernen Sie Schritt für Schritt, die Gefühlslage vertrauter und fremder Menschen einzuschätzen.
Falls Sie beim Zurückgeben von Gefühlen Fehler machen, werden Sie vom Gesprächspartner korrigiert, und die Beziehung wird positiv beeinflußt. Nur bei groben Fehlinterpretationen fühlt sich der andere unverstanden. Seien Sie also mutig, und setzen Sie diese Technik ein, auch wenn der Emotionsspiegel in unserer kopflastigen Zeit etwas gewöhnungsbedürftig ist.

Der Körperspiegel

Der Körperspiegel ist die Anpassung der eigenen Körpersprache an den Partner. Beispielsweise können Sie eine ähnliche Haltung annehmen wie der Partner, Sie können das Lächeln des Partners aufnehmen und verstärken, oder Sie kleiden sich im Stil des Partners. Alle sechs im ersten Kapitel behandelten Wirkungsmittel lassen sich auf den Partner hin ausrichten.
Verbale Techniken verfehlen Ihre Ziele, wenn der Körper eine andere oder gegensätzliche Sprache spricht. Eine zum Partner

harmonische Körpersprache erleichtert den (schlagfertigen) Umgang miteinander. Wer sich körpersprachlich auf den anderen einstellt, baut schnell Sympathie auf.

Wie wird's gemacht?

Dieser Spiegel ist eine Technik, die hauptsächlich unbewußt auf den Gesprächspartner einwirkt. Im folgenden wollen wir Ihnen einige Bereiche aufführen, mit denen sich Sympathie schaffen läßt.

Blickkontakt

Sie können die Häufigkeit und die Dauer des Blickkontaktes am Partner ausrichten. Menschen unterbrechen beispielsweise den Augenkontakt um nachzudenken, wenn das Gespräch uninteressant ist, wenn sie lügen oder unter Zeitdruck stehen. Auf die mit diesen Situationen verbundenen Gefühle des anderen stellen Sie sich durch die Angleichung des Blickkontaktes ein.

Haltung

Die Stellung der Arme, Füße und Beine kann am Partner orientiert werden. Wenn der andere steht, stellen Sie sich eben auch hin, wenn er sitzt, nehmen Sie ebenfalls Platz. Welches Sitzmöbel hat der andere, und wie nutzt er es? Gleichen Sie sich an. Vollziehen Sie Haltungsänderungen des Gegenübers mit.

Sprache

Ein wichtiges Wirkungsmittel ist natürlich auch in diesem Zusammenhang die Sprache. Die Sprache ist auch eine Ausdrucksform des Körpers, deshalb wollen wir sie auch beim Körperspiegel berücksichtigen.
Sie können die Wahl Ihrer Worte an den Partner angleichen: Spricht er Dialekt, verwendet er viele Fremdwörter, hat er Lieblingswörter? Stellen Sie sich darauf ein, sofern Sie dazu in der Lage sind. Klangfarbe, Geschwindigkeit, Lautstärke, Atemrhythmus und Pauseneinsatz des anderen können Sie zum Maßstab eigenen Verhaltens machen. Verwendet der Partner

komplizierte Satzkonstruktionen, oder spricht er eine einfache, verständliche Sprache?

Outfit
Stil, Farbe, bevorzugte Qualität und Marken geben die Möglichkeit, sich sehr stark auf den Partner einzustellen, bis hin zum Partnerlook. Statussymbole oder Accessoires dokumentieren die Zugehörigkeit zu einer bestimmten Gruppe.

Mimik
Wir zeigten schon im ersten Kapitel, daß die Mimik ein unverzichtbares Instrument für die Schlagfertigkeit ist, weil von ihr die Stimmungen ausgehen, die der Partner wahrnimmt. Die Stimmung des Partners kann aufgenommen werden, indem man der von der Mimik ausgehenden Stimmung des Gegenübers selber mimisch folgt. Dadurch übertragen sich die Gefühle und gleichen sich einander an.

Gestik
Geschwindigkeit und Größe der Gesten bieten sich an, um eine dauerhafte sympathische Ebene zum Partner aufzubauen. Die Häufigkeit und Dauer von Körperberührungen kann reichen vom ritualisierten Händeschütteln bis zur Umarmung. Jeder Mensch hat Lieblingsgesten, die gespiegelt werden können, um Sympathie aufzubauen.

Vorteile des Körperspiegels

- Durch das Körperspiegeln bauen Sie unbewußt Sympathie auf. Der Partner fühlt sich verstanden. Sie signalisieren, daß Sie auf einer Wellenlänge sind. Beide erleben die Situation gleich. Das verstärkt Ihre sympathische Ausstrahlung.
- Der Körperspiegel hat sich auch in Gruppengesprächen bewährt. Sie fördern Koalitionen, indem Sie diejenigen spiegeln, mit denen Sie gerne zusammenarbeiten möchten.

Gefahren des Körperspiegels

Die einzige Gefahr ist, daß Ihr spiegelndes Verhalten dem Partner bewußt wird. Er könnte sich nicht ganz ernst genommen fühlen und den berühmten Götz zitieren. Der Körperspiegel bleibt unbewußt, indem Sie sich etwas zeitversetzt angleichen. Haben Sie das Gefühl, Ihr Körperspiegel ist dem Partner bewußt geworden, gehen Sie für einen Augenblick aus dem Körperspiegel heraus, indem Sie sich beispielsweise bewußt anders hinsetzen als Ihr Gegenüber. Nach einiger Zeit stellen Sie sich dann wieder auf den Partner ein.

Erfahrungen aus der Praxis

Neben dem direkten Spiegeln können Sie auch indirekt die Wirkung des Gesprächspartners zurückgeben. Beispielsweise können Sie ein Verschränken der Arme vor der Brust indirekt durch ein Überkreuzen der Beine spiegeln. Oder Sie können den Atemrhythmus durch das Heben oder Senken des Kopfes oder einer Hand aufnehmen.

Wir sagten bereits, daß der Körperspiegel unbewußt bleiben soll. Setzen Sie deshalb zunächst unauffällige Spiegeltechniken ein. Spiegeln Sie den Atemrhythmus, und spiegeln Sie über Kreuz. Wenn die Aufmerksamkeit des Partners beim Inhalt des Gespräches liegt, stellen Sie sich mehr und mehr auf ihn ein.

Haben Sie eine Zeitlang gespiegelt, können Sie körpersprachlich die Führung übernehmen, das heißt, Sie verändern Ihre Haltung und warten darauf, ob der Partner seine Haltung angleicht. Stellt sich der andere jetzt auf Sie ein, ist der Zeitpunkt gekommen, daß Sie die inhaltliche Führung übernehmen können.

Trainieren Sie selbst!

Trainieren Sie in kleinen Schritten. Für den erfolgreichen Einsatz des Körperspiegels brauchen Sie eine sehr gut ausgebildete Wahrnehmungsfähigkeit, die Beherrschung der eigenen Wirkungsmittel und etwas Erfahrung. Feten, Feste und Kneipen sind als Trainingsfelder besonders gute Plätze, da hier der Kontakt zwischen Menschen besonders gepflegt wird. Gesprächsatmosphäre ist in diesen Situationen wichtiger als inhaltlich tiefschürfende Auseinandersetzungen. Deshalb können Sie sich leichter auf die Körpersprache konzentrieren.

Kapitel III

DAHMS-Erfolgsprogramm zur Schlagfertigkeit

DAHMS-Erfolgsprogramm zur Schlagfertigkeit

Schlagfertigkeit ist leicht erlernbar. Das Programm zeigt Ihnen, wie Sie leicht und mit Spaß schlagfertig werden.
Im folgenden Teil geht es für Sie darum, die Theorie in die Praxis umzusetzen. Der eigentliche Zauber der Schlagfertigkeit liegt in der spontanen Reaktion. Wie Sie die Tricks und Kniffe lernen können, die Sie vom Zauberlehrling zum Magier machen, das zeigt Ihnen das DAHMS-Erfolgsprogramm zur Schlagfertigkeit.
Unser Trainingsprogramm ist bei zweimal 10 Minuten pro Tag auf eine Bearbeitungszeit von 40 Tagen ausgerichtet. Sie können sich das Programm aber auch individuell einteilen.

Mit dem DAHMS-Erfolgsprogramm zur Schlagfertigkeit erreichen Sie drei Ziele:

- Die Anzahl der verfügbaren Wörter wird durch gezieltes Training des aktiven Wortschatzes wachsen. Dadurch können Sie sich besser auf Situationen und Menschen einstellen.
- Die Zugriffsgeschwindigkeit auf Wörter aus Ihrem Wortschatz wird erhöht werden. So können Sie blitzschnell die passenden Erwiderungen formulieren und können spontaner reagieren.
- Sie lernen die Techniken der Schlagfertigkeit in der Praxis kennen und haben die Möglichkeit, sie dort auszuprobieren.

Sie werden auch noch zusätzliche Fähigkeiten erwerben:

- Ihre Sinneskanäle werden auf Hochglanz poliert.
- Sie werden phantasievoller und kreativer.
- Sie werden anfangen zu verwirklichen, wovon Sie bisher vielleicht nur zu träumen wagten.
- Sie spitzen Ihre Ohren für die Bedürfnisse anderer Menschen und können darüber auch eigenen Zielen Gehör verschaffen.
- Ihnen fällt es leichter, Menschen zu überzeugen, weil Dinge durch Sie und mit Ihnen einfacher werden.
- Sie fühlen sich gut und werden optimistischer.
- Sie denken und handeln zielorientiert.

- Sie werden sicherer, selbstvertrauter und selbstbewußter.
- Sie tun die Dinge, die Sie und Ihre Umwelt weiterbringen.

Wir haben zu den meisten Übungen Lösungen angegeben, die Sie nutzen können, um sich zu kontrollieren und anzuregen.
40 Tage werden wir den Weg zur Schlagfertigkeit gemeinsam gehen. 12 Stunden aktiver Trainingszeit liegen vor uns. Trainieren Sie immer dann, wenn Sie Lust dazu haben, wenn Sie Spaß wollen oder wenn Sie sich eine Freude machen möchten. Spielen Sie mit Ihrer Sprache, denn Spielen macht Spaß. Sie werden bereits nach wenigen Tagen erstaunliche Erfolge erzielen!

1. Tag

Übung 1: Notieren Sie sich Ihre Reaktion auf die folgenden Einwände oder Angriffe spontan. Investieren Sie ca. 20 Minuten.

1. Sie wissen ja nicht einmal, wie man Erfolg schreibt.
2. Sie blöken wie ein Hammel.
3. Du hältst Goethe doch für einen Architekten der Nachkriegszeit.
4. Ihre Leistungen liegen unter dem Durchschnitt.
5. Gut gemeinter Rat: Schalten Sie Ihr Hirn ein, bevor Sie sprechen.
6. Sie haben Ihren Zenit überschritten.
7. Sie sind unzuverlässig.
8. Bildung ist nicht Ihr Steckenpferd!
9. Sie saugen uns aus.
10. Du bist inkompetent.
11. Sie sind nicht auf dem neuesten Stand der Unternehmenspolitik.
12. Sie haben Führungsqualitäten wie ein Maulwurf.
13. Machen Sie sich nicht lustig über Ihre Kollegen.
14. Macht Ihnen Ihr Beruf eigentlich kein schlechtes Gewissen?
15. Sie wollen also die Aufgabe ungelöst an Ihre Urlaubsvertretung übergeben.
16. Diese Meinung vertreten auch diejenigen, die wir schon rausgeschmissen haben.
17. Vor einer Woche haben Sie das noch befürwortet.
18. Immer wenn der Chef dabei ist, kenne ich Dich nicht mehr wieder.
19. Das ist doch bauernschlau.
20. Sie sind ein Aufschneider!

2. Tag

Übung 2: Finden Sie 3 Minuten lang Verben, die mit „a“ beginnen.
z. B.: angeln, arbeiten, argumentieren

Übung 3: Finden Sie 4 Minuten lang Synonyme für „gehen“.
z. B.: stapfen, hetzen, herumstolzieren

Übung 4: Finden Sie 3 Minuten lang Verben, die mit „k“ beginnen.
z. B.: kegeln, kaufen, konsumieren

Übung 5: Finden Sie 5 Minuten lang Adjektive zur Beschreibung einer Kaffeetasse.
z. B.: stabil, nützlich, wertvoll

Übung 6: Finden Sie 5 Minuten lang Adjektive zur Beschreibung einer Ameise.
z. B.: robust, tätig, emsig

3. Tag

Übung 7: Finden Sie 5 Minuten lang Adjektive zur Beschreibung des Eiffelturms in Paris.
z. B.: monumental, bombastisch, hoch

Übung 8: Finden Sie 5 Minuten lang Verben, die mit „r“ beginnen.
z. B.: rasten, rosten, riechen, rechnen

Übung 9: Nehmen Sie ein Wort mit X Buchstaben (z.B. ERFOLGE), und bilden einen X-Wort- Satz, so daß jeder Buchstabe von „Erfolge“ den Anfangsbuchstaben eines Wortes des Satzes darstellt. Beispiel:

E	in
R	ichtiger
F	uchs
O	rganisiert
L	istig
G	gelungene
E	rgebnisse.

Bilden Sie einen eigenen Satz mit „ZIELEN“. (5 Minuten)

Übung 10: Um Ihre Wahrnehmung zu trainieren, drehen Sie bitte Ihren Kopf um 90 Grad, prägen sich 10 Sekunden ein, was Sie dort sehen. Anschließend beschreiben Sie 5 Minuten lang Ihre Erinnerung, ohne erneut in die Richtung zu sehen.

4. Tag

Übung 11: Erinnern Sie sich an die Struktur der Fünf-Punkt-Argumentation, und finden Sie passende Einführungsformulierungen innerhalb von 5 Minuten.

Übung 12: Vertreten Sie den Standpunkt „Das Schema der Argumentation ist überzeugend.“ innerhalb von 5 Minuten. Verwenden Sie dabei die Einleitungsformulierungen aus Übung 11.

Übung 13: Finden Sie 4 Minuten lang Verben, die mit „p“ beginnen.
z. B.: pressen, prosten, pinkeln

Übung 14: Nehmen Sie ein Wort mit 7 Buchstaben (z.B. BILDUNG), und bilden Sie einen 7-Wort-Satz, so daß jeder Buchstabe von „BILDUNG“ den Anfangsbuchstaben eines Wortes des Satzes darstellt. (6 Minuten)

5. Tag

Übung 15: Finden Sie 5 Minuten lang Adjektive zur Beschreibung Ihres Schreibgerätes:
z. B.: nützlich, lang, nostalgisch

Übung 16: Was können Sie mit einem Ziegelstein machen? (5 Minuten) Diese Übung fördert die Kreativität. Lassen Sie Ihrer Phantasie freien Lauf.

Übung 17: Finden Sie 15 Verben, die mit „c“ beginnen. Sollten Sie ein Wörterbuch benötigen, ist dies durchaus normal. (10 Minuten)
z. B.: charakterisieren, colorieren

6. Tag

Übung 18: Bilden Sie eine Geschichte, in der folgende 4 Substantive auftauchen: Lederwarenmesse, Seifenfabrik, Brauchtum und Vorzelt
Beispiel: Als meine Freundin und ich im letzten Herbst zu einer **Lederwarenmesse** gefahren sind, erlebten wir eine Prozession vor einer **Seifenfabrik**. Die emsigen Angestellten des mittelständischen Unternehmens pflegten dieses alte **Brauchtum** und wärmten sich in einem großen **Vorzelt** bei Erbsensuppe und Glühwein, da es für die Jahreszeit erbärmlich kalt war.

Ihre Begriffe: (2 Minuten)

Fischfang	Ernährung
Rathaus	Brandenburger Tor

Übung 19: Erinnern Sie sich innerhalb von 3 Minuten, wie ein Spiegel konstruiert wird, und beschreiben Sie die Anwendung.

Übung 20: Nehmen Sie sich 5 Minuten, und spiegeln Sie die folgenden Einwände/Angriffe:
Beispiel: Sie gehen wohl mit dem Chef Golf spielen und mit seiner Frau ins Theater.
Behandlung: Sie sagen, ich habe auch privat ein sehr gutes Verhältnis zu meinen Vorgesetzten.

1. Sie haben Ihre Zeit nicht im Griff.
2. Wenn Sie so weiter machen, isolieren Sie sich hier immer mehr.
3. Sie besitzen eine lange Leitung.
4. Ihre Innovationsabteilung schläft seit zehn Jahren!
5. Als der IQ verteilt wurde, dachten Sie an „idiotische Quälgeister“ und haben sich nicht gemeldet.

Übung 21: Was können Sie mit einem Luftballon machen? (5 Minuten)

Übung 22: Finden Sie 5 Minuten lang Verben, die mit „p“ beginnen und ein „a“ enthalten.
z. B.: paradieren, posaunen, paaren

7. Tag

Übung 23: Vertreten Sie den Standpunkt „Wer erfolgreich sein will, muß überzeugen können.“ innerhalb von 5 Minuten.

Übung 24: Bilden Sie einen Satz mit „WEISHEIT“ als Basis. (6 Minuten)

Übung 25: Was können Sie mit einem Streichholz machen? (5 Minuten) Lassen Sie Ihrer Phantasie freien Lauf.

Übung 26: Erzählen Sie eine kleine Geschichte, in der die folgenden 6 Substantive auftauchen: (4 Minuten)

Kabeljau	Bügeleisen
Natter	Nashorn
Windmühle	Reibekuchen

8. Tag

Übung 27: Nehmen Sie sich 5 Minuten, und spiegeln Sie die folgenden Angriffe und Einwände.

1. Sie sind ein Querkopf!
2. Haben Sie eigentlich Freunde?
3. Durch welche Beziehungen haben Sie immer noch den Job?
4. Sie besitzen eine langsame Auffassungsgabe.

Übung 28: Erzählen Sie eine kleine Geschichte, in der die folgenden 5 Substantive auftauchen: (2 Minuten)

Tennisschuhe	Tortenguß
Luftschiff	Flügelkämpfe
Pechvogel	

Übung 29: Was können Sie mit einem Tropfen machen? (3 Minuten)

Übung 30: Zählen Sie 4 Minuten lang verschiedene Transportmittel auf.
z. B.: Eisenbahn, Unterseeboot, Plastikbeutel

Übung 31: Schreiben Sie alle Geräusche auf, die Sie in den nächsten 6 Minuten hören.

9. Tag

Übung 32: Vertreten Sie den Standpunkt „Meiner Ansicht nach sollten wir ein Haus bauen." innerhalb von 6 Minuten.

Übung 33: Was können Sie mit einem Fallschirm machen? (6 Minuten) Lassen Sie Ihrer Phantasie freien Lauf.

Übung 34: Finden Sie 3 Minuten lang Verben, die mit „q" beginnen.
z. B.: quatschen, qualmen, quittieren

Übung 35: Nehmen Sie die gestellte Situation zur Kenntnis, und betonen Sie die positive Seite: (5 Minuten)

negativ:	Zwei Wochen verregnetes Zeltlager
positiv:	Man kommt sich näher im engen Zelt.
negativ:	Essen nicht schmackhaft
positiv:	
negativ:	Rechner gibt den Geist auf.
positiv:	
negativ:	Hund hat Manuskript gefressen.
positiv:	
negativ:	Außenstände sind nicht einzutreiben.
positiv:	

10. Tag

Übung 36: Sie haben ein Viertel des DAHMS-Erfolgsprogramms zur Schlagfertigkeit bereits erfolgreich durchgearbeitet. Bitte vergegenwärtigen Sie sich drei Ihrer Ziele, die Sie mit diesem Erfolgsprogramm verfolgen. (9 Minuten)

Übung 37: Nehmen Sie sich 6 Minuten, und spiegeln Sie die folgenden Einwände und Angriffe:
1. Warum machen Sie diese Weiterbildungsmaßnahme mit?
2. Grinsen Sie nicht so blöd!
3. Unmögliche Meinung!
4. Ich habe Dir das schon öfters erklärt!
5. Seit Deiner Ausbildung hast Du wohl in kein Fachbuch mehr hineingeschaut.

Übung 38: Nehmen Sie die gestellte Situation zur Kenntnis, und betonen Sie die positive Seite: (5 Minuten)

negativ:	Die Schnecken haben den frisch gesprossenen Salat gefressen.
negativ:	Protokoll wegen drei Minuten falschen Parkens
negativ:	Flug wegen Nebels in Toronto gestrichen
negativ:	MwSt. erhöht und Subventionen gestrichen

11. Tag

Übung 39: Sie haben einen beträchtlichen Teil des DAHMS-Erfolgsprogramms zur Schlagfertigkeit bereits erfolgreich bewältigt. Schreiben Sie Ihre Gefühle und Assoziationen auf, die sich während dieser Zeit einstellten. (12 Minuten)

Übung 40: Beschreiben Sie den Geschmack von Sauerkraut. (8 Minuten)
z. B.: delikat, wohlschmeckend, herzhaft

12. Tag

Übung 41: Beschreiben Sie einen Tisch oder Schreibtisch, an dem Sie gerade nicht sitzen, aus Ihrer Erinnerung heraus. (4 Minuten)
z. B.: geräumig, aufgeräumt, schwer

Übung 42: Was können Sie mit einer Tasse Kraftbrühe machen? (7 Minuten)

Übung 43: Vertreten Sie argumentativ den Standpunkt „Ich bin der Ansicht, daß Du das Auto waschen solltest." innerhalb von 5 Minuten.

Übung 44: Erzählen Sie eine kleine Geschichte, in der die folgenden 6 Substantive auftauchen: (4 Minuten)

Stau	Admiralsstreifen
Verkaufspreise	Jägerschule
Kreml	Eintrittskarte

13. Tag

Übung 45: Nehmen Sie sich 6 Minuten, und spiegeln Sie die folgenden Einwände/Angriffe:

1. Wenn Sie privat auch so sind, dann haben wahrscheinlich alle anderen Menschen Kontaktschwierigkeiten.
2. Wo haben Sie eigentlich Ihre Ausbildung gewonnen?
3. Du vergißt immer die Geburtstage.
4. Sie sind dazu da, das auszuführen, was ich sage!
5. Geh mir aus den Augen, Kleine/Kleiner.

Übung 46: Bilden Sie einen 8-Wort-Satz mit „REICHTUM“ als Basis. (9 Minuten)

Übung 47: Vertreten Sie einen Standpunkt aus Ihrem beruflichen Alltag innerhalb von 5 Minuten.

14. Tag

Übung 48: Definieren Sie den Begriff „Verantwortung“ in 5 Minuten.
Verantwortung ist... .

Übung 49: Vergegenwärtigen Sie sich die Struktur der Einwandtechnik „Umdefinition“ noch einmal. (10 Minuten)

Übung 50: Was können Sie mit einer Pflaume machen? (5 Minuten)
Lassen Sie Ihrer Phantasie freien Lauf.

15. Tag

Übung 51: Rufen Sie sich in 3 Minuten nochmals in Erinnerung, wie die Einwandtechnik Definition und Umdefinition konstruiert werden.

Übung 52: Beschreiben Sie den Blick aus Ihrem Küchenfenster in 10 Sätzen (7 Minuten).
z. B.: (1)Ein ausladender Apfelbaum in Nachbars Garten wiegt sich in einer stürmischen Böe. (2) ...

Übung 53: Wenden Sie auf folgende Extrembeispiele die Umdefinition an. Finden Sie einen positiven Blickwinkel zum fettgedruckten Wort, und beziehen Sie diesen auf sich. (10 Minuten)
Sie **Froschkönig!**
z. B.: Wenn Froschkönig für Sie bedeutet, daß ich eine herrschaftliche Zukunft vor mir habe, dann teile ich Ihre Ansicht.
Sie **Bügeleisen!**
z. B.: Wenn Bügeleisen für Sie bedeutet, daß ich die Knitter hier im Unternehmen sanft beseitige, dann profitieren auch Sie davon.

1. Sie **Trompete!**
2. Sie **Eisenbahnschiene!**
3. Sie **Radieschen!**
4. Sie **Ratte!**
5. Sie **Gartenzwerg!**
6. Sie **Dornröschen!**

16. Tag

Übung 54: Was können Sie mit einer Drehleiter machen? (6 Minuten) Lassen Sie Ihrer Phantasie freien Lauf.

Übung 55: Bilden Sie einen 8-Wort-Satz mit „LEISTUNG" als Basis. (6 Minuten)

Übung 56: Was können Sie mit einer Erbtante machen? (8 Minuten) Lassen Sie Ihrer Phantasie freien Lauf.

17. Tag

Übung 57: Es ist in der argumentativen Praxis immer günstig, sich in die Position des Gegenübers zu versetzen. Schreiben Sie einen Standpunkt aus Ihrer beruflichen Praxis auf, und vertreten Sie ein Gegenargument anhand des Argumentationsschemas. (10 Minuten)

Übung 58: Erzählen Sie eine kleine Geschichte, in der die folgenden 7 Substantive auftauchen: (6 Minuten)

Knautschzone	Kettensägenmassaker
Wirbeltiere	Witze
Vancouver	Himbeermarmelade
Gefühlsduselei	

Übung 59: Nehmen Sie sich 4 Minuten, und spiegeln Sie die folgenden Einwände/Angriffe:

1. Seitdem Sie sich mit Kommunikation auseinandersetzen, sind Sie nicht mehr zu gebrauchen.
2. Sie sind zu unerfahren, um das zu verstehen.
3. Putz Dir mal die Nase, Mädchen/ Grünschnabel.
4. Widersprechen Sie nicht, um Zeit zu gewinnen.
5. Warum haben Sie mich nicht um Rat gefragt?

18. Tag

Übung 60: Nehmen Sie sich 8 Minuten, und spiegeln Sie die folgenden Einwände/Angriffe:

1. Sie wissen nichts vom Leben außerhalb Ihres Elfenbeinturms.
2. Leute wie Sie machen uns das Leben schwer.
3. Lernen Sie mal, was es heißt, selbständig zu arbeiten.
4. Wie kompensieren Sie Ihr mangelndes Fachwissen?
5. Du siehst ungepflegt aus.
6. Man hört nur Beschwerden über Sie.

Übung 61: Bilden Sie einen 11-Wort-Satz mit „KREATIVITÄT“ als Basis. (12 Minuten)

19. Tag

Übung 62: Beschreiben Sie einen Apfel mit 25 Adjektiven. (5 Minuten)
z. B.: sauer, kernig, angebissen

Übung 63: Beschreiben Sie in 10 Minuten einen Frosch mit 25 Eigenschaften.
z. B.: gefräßig, schwimmend, geschützt

Übung 64: Nehmen Sie die gestellte Situation zur Kenntnis, und betonen Sie die positive Seite. (5 Minuten)

negativ:	Partner/in weggelaufen
negativ:	Frisch gekaufte Milch ist sauer.
negativ:	Traumfrau zum Kino eingeladen, Karten ausverkauft
negativ:	Platten vorne links auf dem Weg zum Vorstellungsgespräch
negativ:	Umsatzrückgang 25 % gegenüber dem Vorjahr

20. Tag

Übung 65: Sie haben die Hälfte des DAHMS-Erfolgsprogramms zur Schlagfertigkeit bereits erfolgreich absolviert. Bitte vergegenwärtigen Sie sich Ihre Ziele, die Sie mit diesem DAHMS-Erfolgsprogramm verfolgen. (5 Minuten)

Übung 66: Schreiben Sie Ihre Gefühle und Assoziationen auf, die sich während der Zeit der Bearbeitung des DAHMS-Erfolgsprogramm zur Schlagfertigkeit einstellten. (10 Minuten)

Übung 67: Vertreten Sie den Standpunkt „Ich bin der Meinung, daß wir gleitende Arbeitszeit einführen sollten.“ innerhalb von 5 Minuten.

21. Tag

Übung 68: Beschreiben Sie den Duft einer Frühlingswiese mit Adjektiven. Atmen Sie bewußt durch die Nase ein, um Ihre Phantasie anzuregen. (5 Minuten)

Übung 69: Bilden Sie einen 11-Wort-Satz mit „INTELLIGENZ“ als Basis. (10 Minuten)

Übung 70: Beschreiben Sie einen Segelboot durch Adjektive aus den fünf Sinneswahrnehmungen: (5 Minuten)
sehen:
hören:
riechen:
schmecken:
fühlen:

22. Tag

Übung 71: Beschreiben Sie einen Menschen, den Sie lieben. (10 Minuten)

Übung 72: Vertreten Sie folgenden Standpunkt mit zwei Argumenten innerhalb von 10 Minuten:

Standpunkt: Ich bin der Meinung, daß ich eine Gehaltserhöhung verdient habe.
Standpunkt: Außerdem haben Sie durch mich ...

23. Tag

Übung 73: Trainieren Sie metaphorisches Sprechen. Nehmen wir an, Sie wollen Ihre Zuneigung zu einem Menschen ausdrükken. Sie könnten sagen: „Ich liebe Dich." Sie können aber auch bildhaftere Sprache nutzen.
Beispiel:
Feuer
z. B.: Du brennst Dich tief in meinem Herzen ein. Du hast in mir neue Lebensfreude entzündet. Du bist der Sauerstoff, der meine Glut anfacht.
Welle
z. B.: Du bist für mich wie eine Welle, die mich überall hinträgt. Du bist wie eine Welle, die wie Ebbe und Flut mit großer Verläßlichkeit immer wiederkommt.

Nehmen Sie sich 8 Minuten und probieren es selbst aus.

1. **Meer**
2. **Herz**
3. **Blut**
4. **Sonne**
5. **Ameise**
6. **Sommertag**
7. **Taube**

Übung 74: Vergegenwärtigen Sie sich die Konstruktion der 5 Ebenenspiegel innerhalb von 12 Minuten.

24. Tag

Übung 75: Erzählen Sie eine kleine Geschichte, in der die folgenden 8 Substantive auftauchen: (6 Minuten)

Zementwerk	Wassermangel
Straßenstaub	Kreishandwerkerschaft
Riff	Kreidezeit
Tiger	Handschuh

Übung 76: Trainieren Sie die Ebenenspiegel anhand des vorgegebenen Beispiels innerhalb von 10 Minuten:

Beispiel: „Sie mißbrauchen Ihre Autorität."
Ich-Ebene:
Du/Sie-Ebene:
Wir-Ebene:
Info-Ebene:
Appell-Ebene:

Übung 77: Finden Sie 4 Minuten lang Verben, die mit „u" beginnen.
z. B.: urteilen, unterschreiben

25. Tag

Übung 78: Schreiben Sie einen Standpunkt aus Ihrem privaten Alltag auf, und vertreten Sie ein Gegenargument anhand des Argumentationsschemas. (5 Minuten)

Übung 79: Finden Sie 5 Minuten lang Adjektive zur Beschreibung eines Teelöffels.
z. B.: metallisch, ungespült, benutzt

Übung 80: Wann haben Sie sich das letzte Mal mit einer Person Ihres privaten Umfeldes gestritten oder über sie sehr geärgert? Versetzen Sie sich noch einmal kurz in diese Situation (circa 30 Sekunden). Versetzen Sie sich nun in die Rolle der Person, die Ihren Ärger oder Streit ausgelöst hat, und schildern Sie die Situation mit den Augen Ihres Gegenübers. (Gesamtzeit 10 Minuten)

26. Tag

Übung 81: Über die Hälfte des DAHMS-Erfolgsprogramms zur Schlagfertigkeit haben Sie bereits erfolgreich bewältigt. Schreiben Sie Ihre Gefühle und Assoziationen auf, die sich während dieser Zeit einstellten. (10 Minuten)

Übung 82: Fertigen Sie sich eine Einwandkartei an, in der Sie auf Karten Aussagen Ihrer Mitmenschen sammeln, auf die Sie gerne spontaner reagieren können möchten. Nehmen Sie dazu Karten in DIN A6-Größe. Notieren Sie die Einwände oder Angriffe sofort, wenn sie Ihnen einfallen. Hier werden Sie vielleicht etwas mehr Zeit brauchen. (5 Minuten)

Übung 83: Vergegenwärtigen Sie sich aus der Erinnerung die Konstruktion der 5 Ebenenspiegel innerhalb von 5 Minuten.

27. Tag

Übung 84: Bilden Sie einen 8-Wort-Satz mit „FREUNDEN“ als Basis. (5 Minuten)

Übung 85: Versetzen Sie sich in folgende Situation: Sie haben einen Vorgesetzten, der Ihnen eine zusätzliche Kraft für Ihre Abteilung bewilligen soll. Der Vorgesetzte lehnt zunächst ab. Schreiben Sie zwei Argumente Ihres Vorgesetzten auf, und entkräften Sie jeweils mit einen Gegenargument (15 Minuten)

28. Tag

Übung 86: Trainieren Sie die Ebenenspiegel anhand des vorgegebenen Beispiels innerhalb von 10 Minuten.
Beispiel: „Ihre Ausschußquote ist 30% über dem Durchschnitt."
Ich-Ebene
Du/Sie-Ebene
Wir-Ebene
Info-Ebene
Appell-Ebene

Übung 87: Überarbeiten Sie Ihre Einwandkartei. Das heißt nehmen Sie die Einwandkarten, und wenden Sie die Schlagfertigkeitstechniken darauf an. (10 Minuten)

29. Tag

Übung 88: Finden Sie 5 Minuten Adjektive zur Beschreibung einer Sau:

Übung 89: Erzählen Sie eine kleine Geschichte, in der die folgenden 8 Substantive auftauchen. (6 Minuten)

Musik
Straßenstaub
Informationsaustausch
Zigarettenkonsum
Schornsteinfugensanierungsunternehmen
Wissenschaftler
Kirchenschiff
Flußlauf

Übung 90: Beschreiben Sie eine alte Eiche mit visuellen, auditiven, kinästhetischen, olfaktorischen und gustatorischen Adjektiven. (9 Minuten)

30. Tag

Übung 91: Vertreten Sie einen Standpunkt aus Ihrem beruflichen Alltag innerhalb von 5 Minuten.

Übung 92: Stellen Sie sich vor, es ist Ihr 95. Geburtstag. Stellen Sie sich weiterhin vor, ein großes überregionales Nachrichtenmagazin möchte Sie interviewen und einen biographischen Artikel über Sie in der Rubrik „bedeutende Persönlichkeiten der Zeit" veröffentlichen. Nehmen Sie sich soviel Zeit, wie Sie wollen, und schreiben Sie den Artikel. (15 Minuten)

31. Tag

Übung 93: Trainieren Sie die Ebenenspiegel anhand eines Beispiels aus Ihrer Praxis innerhalb von 5 Minuten.

Übung 94: Es ist in der argumentativen Praxis immer günstig, sich in die Position des Gegenübers zu versetzen. Schreiben Sie einen Standpunkt aus Ihrer beruflichen Praxis auf, und vertreten Sie ein Gegenargument anhand des Argumentationsschemas. (5 Minuten)

Übung 95: Bilden Sie einen 11-Wort-Satz mit „MITTELPUNKT" als Basis. (10 Minuten)

32. Tag

Übung 96: Überarbeiten Sie Ihre Einwandkartei. (5 Minuten)

Übung 97: Finden Sie 5 Minuten lang Verben, die mit „u“ beginnen, jedoch ohne die Vorsilben „unter“ und „um“.
z. B.: urbanisieren, urinieren

Übung 98: Behandeln Sie folgende Angriffe mit dem Metapherspiegel: (10 Minuten)

1. Was Sie sagen, ist doch nichts als heiße Luft.
2. Sie sind ein Dünnbrettbohrer.
3. Sie sind nicht auf Draht.
4. Sie sind der Rattenfänger unseres Unternehmens.
5. Du Vogelscheuche.
6. Sie sind uns ein Klotz am Bein.
7. Sie haben eine lange Leitung.
8. Sie sind eine Schlaftablette.
9. Sie Quasselstrippe.
10. Sie waren wohl nicht beim Bund.
11. Sie sind ein Hai in der Branche.

33. Tag

Übung 99: Bilden Sie einen 10-Wort-Satz mit „GLÜCKSPILZ“. (8 Minuten)

Übung 100: Was können Sie mit einem Regenbogen machen? (6 Minuten) Lassen Sie Ihrer Phantasie freien Lauf.
z. B.: zeichnen, anschauen,

Übung 101: Finden Sie 6 Minuten Verben zur Beschreibung Ihrer jetzigen Tätigkeit.
z. B.: schreiben, sitzen, denken

34. Tag

Übung 102: Trainieren Sie die Ebenenspiegel anhand eines Beispiels aus Ihrer Praxis innerhalb von 6 Minuten.

Übung 103: Erzählen Sie eine kleine Geschichte, in der die folgenden 10 Substantive auftauchen: (4 Minuten)

Bimmelbahn	Blockhaus
Trachtenclub	Ratespiele
Betonbauer	Brillenputztuch
Teddybär	Schwamm
Rotkäppchen	Erpel

Übung 104: Überarbeiten Sie Ihre Einwandkartei. (10 Minuten)

35. Tag

Übung 105: Vertreten Sie zwei Standpunkte aus Ihrem beruflichen Alltag innerhalb von 10 Minuten.

Übung 106: Überarbeiten Sie Ihre Einwandkartei. (10 Minuten)

36. Tag

Übung 107: Wenden Sie auf folgende Extrembeispiele die Umdefinition an: (12 Minuten)

1. Sie **Idiot!**
2. Sie **Brillenschlange!**
3. Sie **Hungertuch!**
4. Sie **Ameisenbär!**
5. Sie **Kotzbrocken!**

6. Sie **Brechmittel!**
7. Sie **Miesmuschel!**

Übung 108: Trainieren Sie die Ebenenspiegel anhand eines Einwandbeispiels aus Ihrer Praxis innerhalb von 8 Minuten.

37. Tag

Übung 109: Schreiben Sie einen Standpunkt aus Ihrer beruflichen Praxis auf, und vertreten Sie ein Gegenargument. (10 Minuten)

Übung 110: Sie werden das DAHMS-Erfolgsprogramms zur Schlagfertigkeit erfolgreich bewältigen. Schreiben Sie Ihre Gefühle und Assoziationen auf, die sich während dieser Zeit einstellten. (10 Minuten)

38. Tag

Übung 111: Wann haben Sie sich das letzte Mal mit einer Person Ihres beruflichen Umfeldes gestritten oder über Sie sehr geärgert? Versetzen Sie sich noch einmal kurz in Ihre damalige Position (circa 10 Sekunden). Versetzen Sie sich nun in die Rolle der Person, die Ihren Ärger oder Streit ausgelöst hat, und schildern Sie die Situation mit den Augen Ihres Gegenübers. (Gesamtzeit 10 Minuten)

Übung 112: Trainieren Sie die Behandlung der Einwände und Angriffe mit einer Technik Ihrer Wahl. (10 Minuten)
1. So wie Sie arbeiten, sollten Sie sich um den Beamtenstatus bemühen.
2. Sind Sie eigentlich schon mal Auto gefahren?

3. Was Sie am Bauch zuviel haben, haben Sie im Kopf zuwenig.
4. Das bringe ich einem Schimpansen im Wuppertaler Zoo schneller bei als Ihnen.
5. Sie sehen aus wie eine Schleiereule!
6. Sie kommen doch aus der links-grünen Ecke.
7. Sie gehen mit unseren Kunden um wie ein Hund mit seinem Kauknochen.
8. Das ist für uns nicht realisierbar.
9. Du bist flexibel wie eine Eisenbahnschiene.

39. Tag

Übung 113: Versetzen Sie sich in folgende Situation: Ihre Partnerin/Ihr Partner ist ein Bergwanderfan. Sie möchten einen Tauchlehrgang am Meer machen. Schreiben Sie zwei Argumente Ihrer Partnerin/Ihres Partners auf, und entkräften Sie jeweils mit einem Gegenargument. (15 Minuten)

Übung 114: Trainieren Sie die Behandlung der Einwände und Angriffe mit einer Technik Ihrer Wahl. Betonen Sie den positiven Blickwinkel. (5 Minuten)
1. Du hast immer schlechte Laune.
2. Sie denken nur an Ihren eigenen Vorteil.
3. Du gehörst aufs Altenteil.
4. Du hast ein Gedächtnis wie ein Sieb.
5. Sie sind nicht zum Denken, sondern zum Ausführen da!
6. Ich habe keine Zeit für Sie.
7. Sie sind ja noch feucht hinter den Ohren.
8. Ziehen Sie sich mal vernünftig an. Wie sehen Sie denn aus?
9. Sie sind ein Querulant.
10. Sie können Ihr Wissen nicht plausibel machen.
11. Sie haben nichts in den Händen.

40. Tag

Übung 115: Überarbeiten Sie Ihre Einwandkartei. (5 Minuten)

Übung 116: Sie sind an der letzten Übung des DAHMS-Erfolgsprogramms zur Schlagfertigkeit angelangt. Bitte vergegenwärtigen Sie sich Ihre Ziele, die Sie mit diesem Erfolgsprogramm verfolgt haben. Setzen Sie sich Ziele über den Rahmen des DAHMS-Erfolgsprogramms zur Schlagfertigkeit hinaus. (15 Minuten)

Herzlichen Glückwunsch: Sie sind am 40. Tag des DAHMS-Erfolgsprogramms angekommen. Sie haben Zeit investiert und Durchhaltevermögen bewiesen. Sie sind dafür schlagfertig geworden. Sie sind kreativer, phantasievoller, zielstrebiger und optimistischer geworden. Sie können beeindrucken und überzeugen. Sie haben Selbstvertrauen und Selbstbewußtsein. Sie fühlen sich besser und sicherer.
Wenn Sie Lust haben, überarbeiten Sie Ihre Einwandkartei. Machen Sie Übungen zur Erweiterung des aktiven Wortschatzes. Damit halten Sie Ihr Niveau und verbessern es weiter. Das macht Spaß und macht Sie erfolgreich.

Anhang: zusätzliches Übungsmaterial

Bilden Sie X-Wort- Sätze mit folgenden Wörtern:

Liebhaber
Damenwahl
Übungstänze
Toilettenspiegel
Gefühlsregungen
Lokomotivführer
Wiedervereinigung
Anstellungsverträge
Wortschatzübungen
Eigentumswohnung
Rahmenbedingungen
Schlagfertigkeitstraining
Tarifverhandlungsrituale
Entfesselungskunststück
Anschaffungsmodalitäten

Behandeln Sie die Einwände:

1. Wir arbeiten schon mit Partnern zusammen und sind sehr zufrieden.
2. Wer hat Sie überhaupt eingestellt?
3. Schicken Sie mir mal Ihre Unterlagen.
4. Das muß ich erst mit meiner Frau/ meinem Partner/ meinem Chef besprechen.
5. Das sagen Sie jetzt, und wenn ich unterschrieben habe, ist davon keine Rede mehr!
6. Wir haben letzte Woche unseren Bedarf für die nächsten zwei Monate bestellt.
7. Dafür haben wir kein Geld.
8. Uns fehlt das Personal!

9. Wo liegt der Haken?
10. Die Qualität Ihrer Produkte ist auch nicht besser.
11. Die Konkurrenz ist 10 % billiger!
12. Sie sind doch nur nicht ausgelastet.
13. Sie verdienen Ihr Geld damit, andere Menschen bei der Arbeit zu stören.
14. Sie haben doch kaum Erfahrung auf diesem Gebiet.
15. Sie wollen doch nur die Provision kassieren.
16. Sie schließen ab und halten dann Ihre Lieferfristen nicht ein.
17. Sie sind doch nur der Reklamationsheini!
18. Geben Sie mir bitte Ihren Chef.
19. Sie hatten doch in der Vergangenheit große Probleme mit der Zuverlässigkeit des Produkts.
20. Sie wollen nur an mein Geld!
21. Du kannst es ja selbst nicht.
22. Sie sind nicht auf dem neuesten Stand der Rechtsprechung.
23. Sie haben keine Führungsqualitäten.
24. Machen Sie sich nicht lächerlich.
25. Macht Ihnen Ihr Beruf eigentlich Spaß?
26. Sie wollen die Aufgabe nicht lösen!
27. Diese Meinung vertreten auch die Linken.
28. Vor einer Woche haben Sie das noch ganz anders dargestellt.
29. Immer wenn der Chef dabei ist, fallen Sie um.
30. Das ist doch gesunder Menschenverstand.
31. An dieser Stelle fehlt Ihnen das Fachwissen, wechseln wir doch das Thema ...
32. Wiederholen Sie das bitte.
33. Mit Ihnen will niemand zusammenarbeiten.
34. Wenn Sie für Ihre Taten verantwortlich wären, würden Sie anders reden.
35. Was würde Ihre Frau dazu sagen, wenn Sie den ganzen Tag daheim wären?.
36. Lernen Sie mal, was es heißt, auf eigenen Füßen zu stehen.
37. Wie kompensieren Sie Ihre mangelnde Menschenkenntnis?

38. Du siehst übernächtigt aus.
39. Sie sind ein Herdentier.
40. Sie verbrennen sich ja den Mund, wenn Sie ein Streichholz ausblasen.
41. Sie sind nicht mit genügend Intelligenz ausgestattet.
42. Sie sind ein Königsmörder.
43. Wer bezahlt Sie, um uns in den Ruin zu treiben?
44. Fachkompetenz kann für Sie kein Qualifikationsmerkmal sein.
45. Wer auf Dauer Erfolg haben will, muß das Gegenteil von dem tun, was Sie vorschlagen.
46. Sie haben kein Gespür für die Situation.
47. Wer Kunden gewinnen will, muß Sie in der Buchhaltung arbeiten lassen.
48. Erst überlegen, dann sprechen.
49. So machen Sie bei uns keine Karriere.
50. Wer Sie fördert, hat Geld zuviel.

Finden Sie Verben, die mit „a“ beginnen, jedoch kein „k“ und kein „b“ enthalten.

Finden Sie Synonyme für „schwätzen“.

Finden Sie Verben, die mit „k“ beginnen, jedoch ohne „p“, „b“ und „r“.

Wenden Sie auf folgende Extrembeispiele die Umdefinition an. Finden Sie einen positiven Blickwinkel zum fettgedruckten Wort, und beziehen Sie diesen auf sich.

1. Sie **Affe!**
2. Sie **Vulkanausbruch!**
3. Sie **Hundehäufchen!**
4. Sie **Abfalleimer!**
5. Sie **Krücke!**
6. Sie **Banane!**

7. Sie **Mückenschwarm**!
8. Sie **Irrer!**
9. Sie **Hasenfuß!**
10. Sie **Trittbrettfahrer!**
11. Sie **Schnecke!**
12. Sie **Dummchen!**

Erzählen Sie eine kleine Geschichte, in der die folgenden Substantive auftauchen:

Segelyacht	Reibekuchen
Zertifikat	Austausch
Faxgerät	Bewerbungsgespräch
Zeitdruck	Baggerloch
Politiker	Nadelstreifenanzug
Computerspiele	Tischbein
Antike	Seesack
Lutscher	Rahmenbedingungen
Umsatzrendite	Fluchtpunkt
Überheblichkeit	Bildungsveranstaltung

Kapitel IV

Lösungsteil

Lösungsvorschläge

Übung 1:

1. Angriff: Sie wissen ja nicht einmal, wie man Erfolg schreibt.

Reaktion: Wenn ich Sie zum Vorbild nehme, lerne ich ja auch nur, wie man Erfolg ab-schreibt.

Reaktion: Kennen Sie sich mit den neuesten Tücken der Rechtschreibreform denn aus?

2. Angriff: Sie blöken wie ein Hammel.

Reaktion: Lieber ein blökender Hammel als lammfromm und naiv.

Reaktion: So manches Schaf hat sich schon als Wolf entpuppt.

3. Angriff: Du hältst Goethe doch für einen Architekten der Nachkriegszeit.

Reaktion: Immerhin hat er mit Faust ein Dir unbekanntes Denkmal der Literaturgeschichte erbaut.

Reaktion: Der Krieg ist für Dich wohl immer noch der Maßstab aller Dinge.

4. Angriff: Ihre Leistungen liegen unter dem Durchschnitt.

Reaktion: Was schlagen Sie vor?

Reaktion: Niedrige Ausschußquoten haben ihren Preis.

5. Angriff: Gut gemeinter Rat: Schalten Sie Ihr Hirn ein, bevor Sie sprechen.

Reaktion: Wenigstens hab' ich noch eins zum Einschalten!

Reaktion: Bei Ihnen funktionieren Menschen wie Maschinen.

6. Angriff: Sie haben Ihren Zenit überschritten.

Reaktion: Die Sonne überschreitet jeden Tag ihren Zenit und kommt doch täglich wieder.

Reaktion: Aus einem Tiefpunkt heraus läßt sich das wohl kaum beurteilen.

7. Angriff: Sie sind unzuverlässig.

Reaktion: Wenn unzuverlässig für Sie bedeutet, daß Ihnen die Werte unbekannt sind, nach denen ich handle, ist dies eher ein Informationsdefizit Ihrerseits.

Reaktion: Besser unzuverlässig und rentabel als zuverlässig und unrentabel.

8. Angriff: Bildung ist nicht Ihr Steckenpferd!

Reaktion: Bildung als Steckenpferd betrachtet hat wenig praktische Bedeutung.

Reaktion: Seit wann interessieren Sie sich für Bildung?

9. Angriff: Sie saugen uns aus.

Reaktion: Wer ausgesaugt werden kann, kann nicht hohl sein.

Reaktion: Sie sagen, von Ihnen kann ich noch viel lernen.

10. Angriff: Du bist inkompetent.

Reaktion: Wenn inkompetent bedeutet, daß ich in vielen Bereichen noch Neues lernen kann, dann freue ich mich auf unsere Zusammenarbeit.

Reaktion: Wir sind in einer innovativen Branche tätig, in der es schwerfällt, ständig alle Neuveröffentlichungen zu lesen.

11. Angriff: Sie sind nicht auf dem neuesten Stand der Unternehmenspolitik.

Reaktion: Sie sagen, ich halte an nützlichen Traditionen fest.

Reaktion: Das können wir gemeinsam beurteilen, wenn Sie mit fünf Sätzen den neuesten Stand der Unternehmenspolitik zusammenfassen, bitte schön.

12. Angriff: Sie haben Führungsqualitäten wie ein Maulwurf.

Reaktion: Sie sagen, daß ich blind meinen Weg finde.

Reaktion: Sie sagen, ich grabe mich fast durch alles durch.

13. Angriff: Machen Sie sich nicht lustig über Ihre Kollegen.

Reaktion: Über manche Witze muß ich einfach lachen.

Reaktion: Sie sagen, daß ich verbissen statt humorvoll an die Sachen herangehen soll.

14. Angriff: Macht Ihnen Ihr Beruf eigentlich kein schlechtes Gewissen?

Reaktion: Wer sich am Nutzen seiner Kunden orientiert, braucht kein schlechtes Gewissen zu haben.

Reaktion: Mir macht mein Beruf Spaß.

15. Angriff: Sie wollen also die Aufgabe ungelöst an Ihre Urlaubsvertretung übergeben.

Reaktion: Sie sagen, meine Urlaubsvertretung braucht auch fordernde Aufgaben.

Reaktion: Die Übergabe von gelösten Aufgaben hätte ja auch wenig Sinn.

16. Angriff: Diese Meinung vertreten auch diejenigen, die wir schon rausgeschmissen haben.

Reaktion: Aus Fehlern kann man lernen.

Reaktion: Ich werde diese Meinung nicht vertreten, sondern durchsetzen und damit hier Karriere machen.

17. Angriff: Vor einer Woche haben Sie das noch befürwortet.

Reaktion: Die Entscheidungsgrundlage hat sich geändert.

Reaktion: Da war es auch noch richtig.

18. Angriff: Immer wenn der Chef dabei ist, kenne ich Dich nicht mehr wieder.

Reaktion: Wo er recht hat, bin ich auch in der Lage, meine Meinung zu ändern, und brauche mich dafür nicht zu rechtfertigen.

Reaktion: Ich sehe Dir das nach.

19. Angriff: Das ist doch bauernschlau.
Reaktion: Immerhin ernten wir so die dicksten Kartoffeln.
Reaktion: Besser bauernschlau als aalglatt.

20. Angriff: Sie sind ein Aufschneider!
Reaktion: Wer gut aufschneidet, kann auch gut abschneiden.
Reaktion: Und Sie sind ein Halsabschneider!

Übung 2: angeln, applaudieren, amtieren, alternieren, aktivieren, akklimatisieren, arbeiten, argumentieren, anknipsen, arretieren, absitzen, agieren, ächzen, achten, amputieren, akkordieren, aufkaufen, alarmieren, arrivieren, assistieren, atmen, akkumulieren, ahnen, agitieren, armieren

Übung 3: stapfen, hetzen, herumstolzieren, flanieren, marschieren, humpeln, ausscheiden, hüpfen, tänzeln, promenieren, schlurfen, eilen, Koffer packen, watscheln, sich verziehen, rausschmeißen, zurücktreten, schlendern, bummeln, sterben, schluffen, hinken, hasten, drängeln, wandern, abdanken, trödeln, wanken, staksen, stolpern, traben

Übung 4: kappen, kalkulieren, kämmen, kegeln, kaufen, können, kippen, kläffen, klagen, knüllen, kastrieren, kontern, kapieren, klingen, kitten, ketten, kicken, kapitalisieren, kaprizieren, klären, kanalisieren, kümmern, kennen, kerben, kartieren, klaffen, klassifizieren, küssen, keltern, klatschen, klauen, knutschen, kichern, katzbuckeln, kehren, keuchen, kentern, karikieren, kasernieren, kämpfen, kalibrieren, kassieren, konsumieren, kandidieren

Übung 5: gesprungen, gefüllt, stabil, nützlich, wertvoll, keramisch, bemalt, bunt, traditionell, gespült, teuer, handlich, voluminös, häßlich, nüchtern, schrill, kantig, rund, leer, desinfiziert, ekelerregend, passend, kitschig, neutral, bedruckt, zweckentfremdet, anregend, modern, klassisch, nostalgisch, funktionell, interessant, farbig, schön, handbemalt, hochpreisig, einfallslos, schmutzig, preiswert, affig, groß, emailliert, zerbrechlich, spülmaschinenfest, versteckt

Übung 6: robust, tätig, emsig, kräftig, zerstörerisch, lebendig, tot, arbeitsam, schön, zielstrebig, anspruchslos, rot, tastend, beweglich, geschickt, gefährlich, stark, hungrig, organisiert, kraftvoll, angepaßt, laufend, geschützt, selten, streitbar, gefräßig, selbstlos, sozial, lernfähig, risikobewußt, gepanzert, überlebensfähig, vorsichtig, lästig, interessant, bewundernswert, bissig, schwarz, schnell, aufopfernd, streitbar, wendig, genügsam, sorgfältig, eifrig, zuverlässig, gierig, genau, ordentlich

Übung 7: einzigartig, schwer, monumental, schwankend, bombastisch, schön, eisern, berechenbar, nostalgisch, hoch, anziehend, fundamentiert, naß, gewaltig, beeindruckend, lukrativ, eingenebelt, unmodern, sehenswert, symbolträchtig, schwindelerregend, korrodiert, genietet, gepflegt, beleuchtet, bewundert, besungen, teuer, vermessungswürdig

Übung 8: reißen, regieren, reifen, reinigen, rauchen, räuchern, reklamieren, retten, raufen, räumen, ragen, raffen, rahmen, randalieren, rangeln, rasten, rosten, riechen, rechnen, reimen, rätseln, rucken, reffen, richten, ranken, rüsten, rütteln, rekonstruieren, rennen, reservieren, resümieren, rollen, röntgen, röhren, rufen, ruhen, rühmen, runden, rümpfen, rascheln, radieren, rasieren, ramponieren, rudern, raten, rationieren, raunzen, reaktivieren, recken, reden, reflektieren, regnen, regen, rattern, rauben, rutschen, rubbeln, rösten, reiben, reiten, reihen, rächen, rackern, rädern

Übung 9: Zahlenzauber ist eine Leidenschaft eines Nachwuchsmagiers.

Übung 10: (keine Lösungsvorschläge)

Übung 11:

Struktur „Logik“

1.) Standpunkt:	„Meine Meinung ist, daß ...“	
	„Es ist eine Tatsache, daß ...“	
	„Man kann sagen, daß ...“	
2.) Grund:	„Der Grund hierfür liegt in ...“	
	, weil ...“	
3.) Beispiel:	„Zum Beispiel ...“	
	„Beispielsweise ...“	
4.) Schlußfolgerung:	„Daraus folgt ...“	
	„Hieraus ergibt sich ...“	
5a) Appell:	„Laßt uns ...“	(Monolog)
5b) offene Frage:	„Wie sehen Sie das?“	(Dialog)

Struktur „Dialektik“

1.) Einführung:	„Wir wollen alle, daß ...“
	„Unser gemeinsames Ziel ist ...“
	„Wir haben beide Meinungen zu ...“
2) These:	„Auf der einen Seite ...“
	„Erstens ...“
	„Die einen wollen, daß ...“
3) Antithese:	„Auf der anderen Seite ...“
	„Die anderen wollen hingegen, daß ...“
	„Die entgegengesetzte Auffassung lautet ...“
4) Synthese:	„Wenn wir beide Lösungswege überdenken, dann ...“
	„Vergleichen wir die Positionen ...“
	„Wenn wir die Auffassungen betrachten, stellen wir fest, daß ...“

5) Schluß: „Handeln Sie ...“
„Deshalb lassen Sie uns ...“
„Wählen Sie ...“

Übung 12: Es ist eine Tatsache, daß das Schema der Argumentation überzeugend ist. Der Grund hierfür liegt in der einfach nachvollziehbaren Struktur. Beispielsweise wird der Aufbau des Argumentes durch einleitende Formulierungen gedanklich strukturiert. Daraus folgt, daß der vorgeschlagene Aufbau den Meinungstransfer erleichtert. Wie sehen Sie das?

Übung 13: punktieren, piepen, planen, plädieren, pfeifen, pressen, prosten, pennen, pantschen, panzern, pflanzen, pflegen, planieren, plantschen, platzen, polen, platschen, phrasieren, picken, promovieren, protestieren, prozessieren, prüfen, putten, pusten, prügeln, piecken, parieren, pauken, politisieren, popularisieren, präludieren, postulieren, prassen, predigen, preisen, probieren, pausieren, pauschalieren, persiflieren, pfählen, pfänden, pinkeln, personifizieren, perlen, pellen, parken, pumpen, parodieren, promenieren, passieren, passen, packen, paaren, paddeln

Übung 14: Beate interessierten lustige Dichtung und nervenaufreibende Gruselmärchen. Bei Iris liegen Deine und Nicos Gartenschläuche.

Übung 15: nützlich, lang, nostalgisch, beschriftet, bedruckt, handlich, spitz, farbig, preiswert, umsonst, rund, schwer, unpraktisch, metallisch, fettig, weggeschmissen, spitz, abgerundet, zweckdienlich, ausgelaufen, gestohlen, verlegt, abfärbend, multifunktional, silbrig, begehrt, klickend, auseinandergebaut, produzierbar, ausverkauft, ausgeliehen, liegengelassen, handelbar, ergiebig, gefilzt, magnetisch, angerostet, unzweckmäßig, leer, kratzend, gut, wertvoll

Übung 16: verbauen, aufschichten, sammeln, verschenken, zertifizieren, erträumen, zersägen, behämmern, herrausbrechen, erschlagen, vergraben, aufbewahren, brennen, verkaufen, einritzen, zerbrechen, anstreichen, bepinkeln, testen, zertrümmern, fertigen, anschauen, prüfen, umwerfen, abschrubben, entmoosen, aufheben, produzieren, reinigen, versenken, zielen, festzementieren, übersehen, gebrauchen, vermauern, suchen, verzieren, drehen, finden, einpassen

Übung 17: chiffrieren, charakterisieren, chartern, chemotherapieren, colorieren, chronologisieren, chargieren, chauffieren, christianisieren, computerisieren, couragieren, cremen, choreographieren, chloren, checken, campen, changieren, codieren

Übung 18: Letztes Jahr waren wir zum Fischfang auf die Malediven geflogen. Der Fischer, der außerhalb der Touristensaison zur Ernährung seiner Familie aufs Meer fährt, hatte für uns eine entsprechende Genehmigung im Rathaus besorgt. Als wir unter uns das Brandenburger Tor aus dem Flugzeug erblickten, waren wir aber doch wieder froh, in Berlin zu sein.

Übung 19: Ein Spiegel ist die Wiedergabe der Äußerung des Gesprächspartners mit eigenen Worten. Die Einleitungsformulierung lautet: „Du sagst, ...“ oder „Sie sagen, ...“. Sollte ein Angeifer versuchen, Sie mit Fragetechniken in die Enge zu treiben, verwenden Sie als Einleitung: „Du fragst Dich, ...“ oder „Sie fragen sich, ...“. Schlagen Sie im Technikteil des Buches nach, wenn Ihnen die Einleitungsformuliereungen zu folgenden Spiegeln nicht geläufig sein sollten: Emotionsspiegel, fünf Ebenenspiegel, zwei Logikspiegel, zwei Gewichtungsspiegel, drei Zeitspiegel, Metapherspiegel, Entlarvungsspiegel, fünf Sinneskanalspiegel.

Übung 20:

1. **Angriff: Sie haben Ihre Zeit nicht im Griff.**

Spiegel: Sie sagen, Sie halten andere Dinge für dringender.

2. **Angriff: Wenn Sie so weitermachen, isolieren Sie sich hier immer mehr.**

Spiegel: Sie sagen, für gute Leute ist hier immer weniger Platz.

3. **Angriff: Sie besitzen eine lange Leitung.**

Spiegel: Sie sagen, es dauert, bis ich mich überzeugen lasse.

4. **Angriff: Ihre Innovationsabteilung schläft seit zehn Jahren!**

Spiegel: Sie sagen, da sind lauter ausgeschlafene Jungs, wenn's drauf ankommt.

5. **Angriff: Als der IQ verteilt wurde, dachten Sie an „idiotische Quälgeister" und haben sich nicht gemeldet.**

Spiegel: Sie sagen, Sie haben sich gemeldet, und es ging tatsächlich um „idiotische Quälgeister".

Übung 21: fliegen lassen, aufblasen, zur Schau stellen, quetschen, produzieren, verleihen, füllen, bemalen, hantieren, ausstellen, vorzeigen, ergaunern, verschenken, kaufen, dekorieren, zerstechen, quietschen, wegwerfen, fabrizieren, morden, entleeren, nerven, anbieten, verstecken, aufbewahren, zaubern, drücken, ärgern, verbrennen, entsorgen, andrehen, zerschneiden, verlegen, aufpusten, arbeiten, ansehen, erhitzen, übervorteilen, zerreißen, basteln, verleihen, dehnen, knoten, umwickeln, werben, herstellen, besingen, transportieren

Übung 22: paaren, planen, pantschen, panzern, pflanzen, parieren, pauken, paddeln, planieren, plantschen, platzen, platschen, phrasieren, paradieren, popularisieren, prassen, pausieren, pauschalieren, posaunen, parken, parodieren, passieren, passen, packen, propagieren

Übung 23: Es ist eine Tatsache, daß wer erfolgreich sein will, überzeugen können muß. Der Grund dafür ist, daß dadurch andere Menschen für eigene Ziele gewonnen werden können. Beispielsweise brauche ich Unterstützung von Dr. Mächtig, um Präsident des Vereins zu werden. Daraus folgt, um weiterzukommen, muß man Menschen umstimmen können. Wie sehen Sie das?

Übung 24: Werner erwarb Inseln, sofort hatte er ideale Tauchmöglichkeiten. Waldemar erbaute in Spanien hastig ein investitionsreiches Touristenobjekt. Wie einheimische Iren spricht Hans einen irischen Trinkspruch.

Übung 25: anzünden, basteln, an einen Pfeifenraucher verschenken, einen Brand stiften, sich wärmen, anstecken, zerbrechen, in einen Kuchen einbacken, als Zahnstocher verwenden, in der Nase bohren, übersehen, prüfen, umwerfen, abschrubben, aufheben, nach Würmern suchen, spielen, Lagerfeuer entfachen, entflammen, Ohren reinigen, in den Müll werfen, anmalen, zu einen Fort aufschichten, im Blumentopf vergraben, für schlechte Zeiten aufbewahren, nach Amerika schicken, verkaufen, einkerben, zersplittern, anstreichen, testen, zertrümmern, fertigen, anschauen, produzieren, reinigen, versenken

Übung 26: Freitags gibt es bei uns häufig Kabeljau. Diesmal sollte es besonders festlich werden, deshalb wurde das große Tischtuch extra mit dem Bügeleisen bearbeitet. Als Vorspeise gab es Reibekuchen, weil die Onkel Hans so gerne ißt. Da Onkel Hans den örtlichen Zoo noch nicht gesehen hatte, fuhren wir nachmittags zu Natter und Nashorn. Später luden wir unseren Besuch in einer nahegelegenen Windmühle zu einer bergischen Kaffeetafel ein.

Übung 27:

1. **Angriff: Sie sind ein Querkopf!**

Spiegel: Sie sagen, ich bin auch ein Querdenker.

2. **Angriff: Haben Sie eigentlich Freunde?**

Spiegel: Sie fragen sich, ob Sie von mir lernen können, wie man Freunde gewinnt.

3. **Angriff: Durch welche Beziehungen haben Sie immer noch den Job?**

Spiegel: Sie fragen sich, ob der Chef alle seine Leistungsträger persönlich kennt.

4. **Angriff: Sie besitzen eine langsame Auffassungsgabe.**

Spiegel: Sie sagen, Sie investieren weniger Zeit.

Übung 28: Heute ist mir ein Mißgeschick passiert. Ich wollte zuerst meine Tennisschuhe mit Tortenguß färben, während ich im Radio die Flügelkämpfe einer Haushaltsdebatte im Bundestag verfolgte. Als ich den Matsch richtig angerührt und die Schuhe eingeschmiert hatte, flog über unser Haus ein buntes Luftschiff. Ich beobachtete so lange, daß die Gelatine steinhart wurde und ich alles in den Mülleimer warf. So ein Pechvogel!

Übung 29: trinken, auffangen, anschauen, aufwischen, erhitzen, betrachten, beobachten, auflecken, teilen, aufsaugen, abtupfen, abreiben, anfassen, befühlen, ablaufen lassen, abwischen, färben, einfrieren, auflösen

Übung 30: Segelboot, Reagenzglas, Seesack, Kabel, Leinwand, U-Bahn, Rucksack, Raumfähre, Flasche, Eimer, Beauty Case, Eisenbahn, Unterseeboot, Koffer, Glas, Pinsel, Hosentasche, Dose, Büchse, Plastikbeutel, Schüssel, Katamaran, Sauerstoffflasche, Jagdtasche, Stein, Hut, Rohr, Flasche, Aktentasche, Auto, Jutesack, Schiff, Bus, Fähre, Standleitung

Übung 31: (keine Lösungsvorschläge)

Übung 32: Meiner Ansicht nach sollten wir ein Haus bauen. Der Grund hierfür liegt in dem gestiegenen Platzbedarf. Beispielsweise haben wir inzwischen zwei Kinder und erwarten unser drittes. Daraus folgt, wir bauen uns ein eigenes Dach über dem Kopf. Was hältst Du davon?

Übung 33: abspringen, umschnallen, prüfen, falten, öffnen, zusammenlegen, sichern, Weihnachtsgeschenke einpacken, Dach abdichten, ein Segel daraus fertigen, daraus kleine Quadrate schneiden und als Taschentücher verwenden, eine Hängematte basteln, transportieren, liegenlassen, verknoten, anzünden, steuern, fliegen, zusammenbinden, bremsen, retten, Stachelbeersträucher gegen Vögel schützen, versteigern, gegen zehn Flugstunden oder eine Mausefalle tauschen

Übung 34: quatschen, qualmen, quittieren, quantifizieren, quacksalbern, quäken, quaken, quälen, quarren, quirlen, querulieren, qualifizieren, quotieren, querdenken, qualmen, quetschen, quietschen, quellen, quadrieren

Übung 35:

negativ:	Essen nicht schmackhaft
positiv:	Ich kann einen Diättag einlegen.
negativ:	Rechner gibt den Geist auf.
positiv:	Kopfrechnen üben oder andere Dinge erledigen.
negativ:	Hund hat Manuskript gefressen.
positiv:	Neu schreiben gibt Platz für neue Gedanken. Besseres schreiben.
negativ:	Außenstände sind nicht einzutreiben.
positiv:	Ausbuchung der Forderung senkt die zu zahlenden Steuern.

Übung 36: (keine Lösungsvorschläge)

Übung 37:

1. **Angriff: Warum machen Sie diese Weiterbildungsmaßnahme mit?**

Spiegel: Sie fragen sich, wie meine Zielsetzungen für diese Veranstaltung aussehen. Sie fragen sich, was ich noch lernen könnte.

2. **Angriff: Grinsen Sie nicht so blöd!**

Spiegel: Sie sagen, meine positive Ausstrahlung paßt Ihnen nicht in den Kram.

3. **Angriff: Unmögliche Meinung!**

Spiegel: Sie sagen, wir können meinen Vorschlag zur Zeit hier noch nicht umsetzen. Sie sagen, das ist ungewöhnlich.

4. **Angriff: Ich habe Dir das schon öfters erklärt!**

Spiegel: Du sagst, daß Du den richtigen Weg bisher noch nicht gefunden hast.

5. **Angriff: Seit Deiner Ausbildung hast Du wohl in kein Fachbuch mehr hineingeschaut.**

Spiegel: Du sagst, der Job fordert mich wenig.

Übung 38:

negativ: Die Schnecken haben den frisch gesprossenen Salat gefressen.
positiv: Jetzt ist es noch gerade früh genug, um andere Pflanzen zu setzen.
negativ: Protokoll wegen drei Minuten falschen Parkens
positiv: Glücklicherweise nur zehn Mark Strafe
negativ: Flug wegen Nebels in Toronto gestrichen
positiv: Glücklicherweise brauche ich bei der Suppe den Hals nicht zu riskieren.

negativ: Mehrwertsteuer erhöht und Subventionen gestrichen
positiv: Jetzt kann ich als Unternehmer beweisen, was ich in schwierigen Situationen zu leisten vermag.

Übung 39: (keine Lösungsvorschläge)

Übung 40: herzhaft, süß-sauer, vollmundig, lecker, fein, mundend, köstlich, appetitlich, ausgezeichnet, edel, exquisit, appetitanregend, delikat, wohlschmeckend, erlesen, vortrefflich, beispiellos, bestens, himmlisch, geschmackvoll, kräftig, schmackhaft, süperb, wie bei Muttern, mild, übersäuert, deftig, würzig, herb, aromatisch, zum Reinhauen, angenehm

Übung 41: geräumig, antiquiert, aufgeräumt, schwer, verkratzt, benutzt, nützlich, altdeutsch, hölzern, häßlich, beleuchtet, hell, ausziehbar, gemütlich, vollgepackt, altmodisch, funiert, altertümlich, überladen, eingepaßt, voll, geschmackvoll, passend, neiderregend, sperrig, groß, angemessen, ergonomisch, ausgemustert, klassisch, einladend, zweckmäßig, zu klein, echt, handgearbeitet, luxuriös, anspruchsvoll, schön, mächtig, stabil, zeitlos, modern, traditionell, ererbt, beeindruckend, ansehnlich

Übung 42: trinken, ausschütten, auftischen, löffeln, übergeben, stehenlassen, zubereiten, durchsieben, verschlabbern, erhitzen, aushändigen, servieren, zerbrechen, beanstanden, kochen, genießen, verköstigen, aufwärmen, anbieten, besitzen, verschenken, abschlagen, überlassen, ausgießen, vorenthalten

Übung 43: Ich bin der Ansicht, daß Du das Auto waschen solltest, weil es dann besser zu sehen ist. Beispielsweise kommt dann die rote Farbe unter dem Dreck wieder zum Vorschein. Deshalb solltest Du es fix waschen lassen. Fährst Du noch vor dem Mittagessen in die Waschanlage?

Übung 44: Üblicherweise fahre ich trotz erheblicher Staus freitags aufs Land. Diesmal hatte ich eine Eintrittskarte für einen Kostümball im Dorfhaus ergattert, obwohl die Verkaufspreise unverschämt waren. Mit Admiralsstreifen an der Kleidung und meiner Freundin am Arm zog ich zum Ball. Die Mitglieder der örtlichen Jägerschule spielten im großen Saal auf, der mich an den Kreml erinnerte.

Übung 45

1. **Angriff: Wenn Sie privat auch so sind, dann haben wahrscheinlich alle anderen Menschen Kontaktschwierigkeiten.**

Spiegel: Sie vermuten, daß ich mich außerhalb des Betriebes ähnlich verhalte.

2. **Angriff: Wo haben Sie eigentlich Ihre Ausbildung gewonnen?**

Spiegel: Sie fragen sich, wo ich das große Los gezogen habe.

3. **Angriff: Du vergißt immer die Geburtstage.**

Spiegel: Du sagst, daß ich mich bisher immer auf Dich verlassen konnte.

4. **Angriff: Sie sind dazu da, das auszuführen, was ich sage!**

Spiegel: Sie sagen, ich solle mit Scheuklappen für Sie tätig sein.

5. **Angriff: Geh mir aus den Augen, Kleine/Kleiner.**

Spiegel: Sie sagen, mein gutes Aussehen lenkt Sie ab.

Übung 46: Richtig eingeschätzt in charakterlicher Hinsicht, Tapferkeit und Mut. Rudolf eroberte in charmanter Haltung tatsächlich unsere Maibowle.

Übung 47: (keine Lösungsvorschläge)

Übung 48: Verantwortung ist eine Einstellung gegenüber Menschen und Sachen, die die Konsequenzen einer Handlung in die Entscheidung über die Handlung soweit als möglich einfließen läßt.

Übung 49:

Struktur Umdefinition: „Wenn Sie unter [umzudefinierender Begriff] [bestimmter oder unbestimmter Artikel] [Obermenge] verstehen, [Relativpronomen] [Umdefinition], dann [positive Darstellung der eigenen Person oder des eigenen Handelns]."
Struktur Umdefinition (Kurzfassung): „Wenn Sie unter [Teil der Aussage des Gesprächspartners] verstehen, daß [Umdefinition in Ihrem Sinn], dann [positive Darstellung der eigenen Person oder des eigenen Handelns]."
Beispiel:

Angriff:	„Du übernimmst keine Verantwortung."
Umdefinition:	„Wenn Du unter [Verantwortung] [eine Einstellung gegenüber Menschen oder Sachen verstehst, die die Folgen einer Entscheidung bestmöglich in die Entscheidung einfließen läßt], dann [bin ich einer Deiner verantwortungsvollsten Kollegen]."

Übung 50: pflücken, essen, entsteinen, veräußern, ernten, schütteln, hängenlassen, abreißen, verschmähen, einfrieren, dekorieren, backen, pürieren, blanchieren, säen, wegwerfen, trocknen, einkochen, verspeisen, anpreisen, vergraben, aufschneiden, anfassen, entsaften, verbacken, betasten, vergähren, annagen, übersehen, befühlen, einwecken, entstielen, einritzen, sichten, sortieren

Übung 51:

Definition: Ein [zu definierender Begriff] ist [unbestimmter Artikel] [Obermenge], [Relativpronomen] [positive abgrenzende Eigenschaft].

Struktur Umdefinition: „Wenn Sie unter [umzudefinierender Begriff] [bestimmter oder unbestimmter Artikel] [Obermenge] verstehen, [Relativpronomen] [Umdefinition], dann [positive Darstellung der eigenen Person oder des eigenen Handelns]."
Struktur Umdefinition (Kurzfassung): „Wenn Sie unter [Teil der Aussage des Gesprächspartners] verstehen, daß [Umdefinition in Ihrem Sinn], dann [positive Darstellung der eigenen Person oder des eigenen Handelns]."
Beispiel:

Übung 52: (keine Lösungsvorschläge)

Übung 53:

1. Wenn **Trompete** für Sie bedeutet, daß ich die maßgeblichen Töne von mir gebe, dann entspricht das meinem hohen Leistungsvermögen.
2. Wenn **Eisenbahnschiene** für Sie bedeutet, daß ich bestimme, wo der Zug entlangläuft, dann bin ich mir der großen Verantwortung für das gesamte Unternehmen bewußt.
3. Wenn **Radieschen** für Sie bedeutet, daß ich durch und durch geschmackvoll bin, dann höre ich das gerne.
4. Wenn **Ratte** für Sie bedeutet, daß ich sehr sozial und stark bin, dann ist das für alle von uns vorteilhaft.
5. Wenn **Gartenzwerg** für Sie bedeutet, daß ich meiner Umgebung die nötigen Farbtupfer verpasse, dann wird durch mich die Welt deutlich bunter.
6. Wenn **Dornröschen** für Sie bedeutet, daß ich darauf warte, von Ihnen wachgeküsst zu werden, dann machen Sie sich ganz falsche Hoffnungen.

Übung 54: erklimmen, drehen, fahren, hinaufklettern, prüfen, hochfahren, kaufen, spenden, trainieren, anschaffen, erbetteln, retten, sichern, einparken, abgeben, einfordern, verschrotten, üben, einsetzen, reparieren, fotografieren, ausfahren, gebrauchen, pflegen, justieren, anfordern, zur Schau stellen, entrosten, lackieren, inspizieren, testen, ausmustern, verkaufen

Übung 55: Liebe erregt in Seelen träumerische und nachhaltige Gedanken. Laßt es in seinem Tresor und natürlich gebündelt!

Übung 56: besuchen, einladen, ermorden, aus dem Wege gehen, auf eine gefährliche Safari mitnehmen, benutzen, ausnehmen, entmachten, verkuppeln, umgarnen, ihr Briefe schreiben, um Schecks bitten, abservieren, für sie ein Hotelzimmer buchen, sie an einem bestimmten Datum einladen, z. B. am 29.2., ihr das Vermögen abschwatzen, sie durch gute Finanzanlagen beeindrucken, hofieren

Übung 57: (keine Lösungsvorschläge)

Übung 58: Als wir neulich bei Honig und Himbeermarmelade frühstückten, unterhielten wir uns über Autos mit großer Knautschzone. Sie sind natürlich etwas teurer, aber sehr viel sicherer, wenn die Feuerwehr z. B. nach einem Unfall ein Kettensägenmassaker veranstalten muß, aber die Fahrgastzelle heil und die fahrenden Wirbeltiere unverletzt sind. Das sind keine Witze oder Gefühlsduselein. So kann Leben gerettet werden, ob hier oder in Vancouver.

Übung 59:

1. Angriff: Seitdem Sie sich mit Kommunikation auseinandersetzen, sind Sie nicht mehr zu gebrauchen.

Spiegel: Sie sagen, es fällt Ihnen jetzt schwerer, mich zu überzeugen.

2. Angriff: Sie sind zu unerfahren, um das zu verstehen.

Spiegel: Sie sagen, Sie trauen jungen Menschen das nicht gleich zu.

3. **Angriff: Putz Dir mal die Nase, Mädchen/ Grünschnabel.**
Spiegel: Sie sagen, Sie sorgen sich um mich.

4. **Angriff: Widersprechen Sie nicht, um Zeit zu gewinnen.**
Spiegel: Sie unterstellen mir, Ihre Strategien anzuwenden.

5. **Angriff: Warum haben Sie mich nicht um Rat gefragt?**
Spiegel: Sie sagen, Sie hätten gewußt, was zu tun gewesen wäre.

Übung 60:

1. **Angriff: Sie wissen nichts vom Leben außerhalb Ihres Elfenbeinturms.**
Spiegel: Sie sagen, ich bin in meinem Spezialgebiet sehr gut.

2. **Angriff: Leute wie Sie machen uns das Leben schwer.**
Spiegel: Sie sagen, daß ich hartnäckig sein kann, wenn es um die Vorteile meiner Kunden geht.

3. **Angriff: Lernen Sie mal, was es heißt, selbständig zu arbeiten.**
Spiegel: Sie sagen, ich soll es so tun, wie Sie es erwarten.

4. **Angriff: Wie kompensieren Sie Ihr mangelndes Fachwissen?**
Spiegel: Sie fragen sich, warum ich so überdurchschnittliche Leistungen bringe.

5. **Angriff: Du siehst ungepflegt aus.**
Spiegel: Sie sagen, Sie legen viel Wert auf Äußerlichkeiten.

6. **Angriff: Man hört nur Beschwerden über Sie.**
Spiegel: Sie sagen, ich setze unsere Beschlüsse um, auch wenn es Widerstände gibt.

Übung 61: „Kein richtig engagiert arbeitender Tagelöhner ißt viel.“ insistierte Toms ältere Tante.

Übung 62:
kernig, grün, gesund, sauer, mehlig, geschält, herzhaft, klein, lekker, faulig, teuer, wurmstichig, verspeist, rauh, gefüllt, rund, gekocht, gefallen, geteilt, poliert, gewachst, bestrahlt, saftig, dekorativ, nahrhaft, kugelförmig, angebissen, gebraten, entkernt, importiert, geschmackvoll, schimmlig

Übung 63: zahm, runzelig, getarnt, angepaßt, lebend, werbend, wandernd, hungrig, gezüchtet, überfahren, platt, ekelerregend, nützlich, jagend, überlebensfähig, naß, ausgestorben, gesund, gefräßig, grün, springend, blutend, zuckend, verschwunden, getaucht, atmend, entwischt, gefangen, getötet, aufmerksam, glitschig, giftig, kletternd, feucht, glibberig, wettervorhersagend, quackend, freßbar, schwimmend, geschützt, tot, aufgeblasen, hüpfend, lebendig

Übung 64:

negativ:	Partner/in weggelaufen
positiv:	Neue Erfahrungen können gemacht werden.
negativ:	Frisch gekaufte Milch ist sauer.
positiv:	Jetzt kann ich die Argumentationstruktur für ein Reklamationsgespräch in der Praxis üben.
negativ:	Traumfrau zum Kino eingeladen, Karten ausverkauft
positiv:	Etwas Phantasievolleres vorschlagen.
negativ:	Platten vorne links auf dem Weg zum Vorstellungsgespräch
positiv:	Wenn ich Bescheid sage, kann ich zeigen, daß ich ungewöhnliche Situationen beherrsche; dadurch falle ich auf und bekomme wahrscheinlich die Stelle.
negativ:	Umsatzrückgang 25 % gegenüber dem Vorjahr
positiv:	Situation rechtfertigt neue Marketingstrategie.

Übung 65: (keine Lösungsvorschläge)
Übung 66: (keine Lösungsvorschläge)

Übung 67: Ich bin der Meinung, daß wir gleitende Arbeitszeit einführen sollten, weil wir uns so auf die Bedürfnisse der Mitarbeiterinnen und Mitarbeiter und auf die betrieblichen Erfordernisse besser einstellen können. Zum Beispiel können Interessen außerhalb der Kernarbeitszeit individuell abgewogen werden. Daraus folgt, daß wir unsere Arbeitszeiten flexibilisieren sollten. Was halten Sie davon?

Übung 68: anregend, grazil, geschwollen, empfindlich, überladen, irritierend, neu, herb, beflügelnd, belebend, locker, leicht, frühlingshaft, frisch, neugeboren, duftig, schwer, blumig, zart, schwülstig, aromatisch, himmlisch, hinreißend, umwerfend, luftig, erfrischend, wunderbar, entzückend, großartig, ersehnt, erwartungsgemäß, entspannend, erträumt, natürlich, normal, unverfälscht, sauber, herrlich, glückverheißend, würzig, rein

Übung 69: Immer nach Telefongesprächen erledigt Luise listig ihre Gesprächsnotizen - einwandfrei, natürlich zügig.

Übung 70:

sehen:	schön, ansehnlich, rot, blendend, schwankend, dümpelnd
hören:	ansprechend, klatschend, zischend, knarrend, brausend, ächzend
riechen:	dufte, salzig
schmecken:	geschmackvoll, süß
fühlen:	sicher, gleitend, brechend, berstend, naß

Übung 71: (keine Lösungsvorschläge)

Übung 72:

Ich bin der Meinung, daß ich eine Gehaltserhöhung verdient habe. Der Grund hierfür liegt darin, daß mein Aufgabenbereich stark gewachsen ist. Beispielsweise bin ich auch für die Beratung im Industriekreditgeschäft zuständig. Daraus folgt, daß mein Verdienst angepaßt werden sollte. Wie sehen Sie das?

...

Außerdem haben Sie durch mich einige Großkunden gewonnen. Der Grund hierfür liegt in meiner kundenorientierten Vorgehensweise. Beispielsweise stifte ich lukrative Geschäftsbeziehungen innerhalb der Kundschaft. Daraus folgt, daß wir A-Kunden gewonnen haben und diese Leistungen entsprechend honoriert werden sollten. Was sagen Sie dazu?

Übung 73:

1. **Meer:** Du bist das Meer, aus dem mein Leben kommt. Manchmal sanft und ruhig, manchmal unberechenbar. Ohne Dich bin ich ein Fisch auf dem Trockenen.
2. **Herz:** Mein Herz schlägt nur für Dich. Du bist das Herz in meinem Körper und gibst mir Kraft auch in schwierigen Situationen.
3. **Blut:** Du bist das Blut, das in meinen Adern fließt.
4. **Sonne:** Du bist die Sonne, die für mich Licht, Wärme und Leben bedeutet.
5. **Ameise:** Du bist die Ameise, die pflichtbewußt für unseren Staat sorgt.
6. **Sommertag**: Du bist der Sommertag in meinem Winter.
7. **Taube:** Du bist die Taube, die uns den Frieden brachte. Du bist die Taube, deren Zweig mich hoffen läßt.

Übung 74:

1) Ich-Ebene:	Sie lassen die Aussage beim Partner.
Formulierung:	Sie sagen, Sie seien (sind)...
2) Du/Sie-Ebene:	Sie beziehen die Aussage auf sich.
Formulierung:	Sie sagen, ich sei (bin)...

3) Wir-Ebene: Sie beziehen die Aussage auf die Beziehung.
Formulierung: Sie sagen, wir seien (sind)...
4) Info-Ebene: Sie geben den Einwand mit anderen Worten dicht an der Formulierung des Partners zurück.
Formulierung: Sie sagen, es ist ...
5) Appell-Ebene: Sie verstehen die Aussage des Gegenübers als Aufforderung.
Formulierung: Sie sagen, [Personalpronomen] soll ...
Bemerkung: Stellt Ihr Partner/ Ihre Partnerin eine Frage, so kann eingeleitet werden mit „Sie fragen ...“. Es ist Ihre Entscheidung, ob Sie eine Bemerkung als Frage oder Aussage aufnehmen.

Übung 75:

Ein Freund erzählte mir von einem seiner Arbeitstage im **Zementwerk.** Oft wird der Zement zu trocken angerührt, so daß der **Wassermangel** durch Wasserzusatz beseitigt werden muß. Besuchergruppen bringen gerade im Sommer viel **Straßenstaub** ins Besuchergebäude, das gemeinsam mit der **Kreishandwerkerschaft** genutzt wird. Diese Zusammenarbeit birgt so ihre Klippen und Riffe, weil dort beispielsweise in der letzten Woche eine Ausstellung zur **Kreidezeit** lief, die den Besucherbetrieb des Zementwerkes einschränkte. Das machte meinen Freund zum **Tiger**, er vergaß sich und faßte den Direktor der Kreishandwerkerschaft nicht mehr mit sanften **Handschuhen** an.

Übung 76:

Ich-Ebene: Sie sagen, Sie seien ungerecht behandelt worden.
Du/Sie-Ebene: Sie sagen, ich hätte zu hart durchgegriffen.
Wir-Ebene: Sie sagen, wir könnten auch anders miteinander umgehen.
Info-Ebene: Sie sagen, es sei schwierig, für jede und jeden den richtigen Ton zu treffen.
Appell-Ebene: Sie sagen, wir sollten etwas rücksichtvoller miteinander umgehen.

Übung 77: urteilen, unterschreiben, urbanisieren, urinieren, ulken, umschlagen, uzen, usurpieren, utilisieren, unterstehen, unter- , um-,

Übung 78: (keine Lösungsvorschläge)

Übung 79: metallisch, ungespült, silbern, benutzt, verfügbar, nützlich, schmutzig, altmodisch, stilgerecht, passend, gereinigt, angelaufen, verbogen, neumodisch, abgebrochen, modern, unverwüstlich, traditionell, abgeleckt, abgenutzt, verkratzt, zweckentfremdet, klein, glänzend, poliert, ererbt, gesprungen, verlegt, abstoßend, geschmacklos, poppig, gesäubert, besabbert, versilbert, unhandlich, ausbalanciert, scharf, abgebrochen, gebraucht, kopiert, kunstvoll, vergoldet, antiquarisch

Übung 80: (keine Lösungsvorschläge)
Übung 81: (keine Lösungsvorschläge)
Übung 82: (keine Lösungsvorschläge)

Übung 83:

1) Ich-Ebene:	Sie lassen die Aussage beim Partner.
Formulierung:	Sie sagen, Sie seien (sind)...
2) Du/Sie-Ebene:	Sie beziehen die Aussage auf sich.
Formulierung:	Sie sagen, ich sei (bin)...
3) Wir-Ebene:	Sie beziehen die Aussage auf die Beziehung.
Formulierung:	Sie sagen, wir seien (sind)...
4) Info-Ebene:	Sie geben den Einwand mit anderen Worten dicht an der Formulierung des Partners zurück.
Formulierung:	Sie sagen, es ist ...
5) Appell-Ebene:	Sie verstehen die Aussage des Gegenübers als Aufforderung.
Formulierung:	Sie sagen, [Personalpronomen] soll ...

Übung 84: Freitag radelten einige unserer Nachbarn durch einen Nadelwald.

Übung 85:

Vorgesetzter: Ich bin der Meinung, daß wir Ihnen eine zusätzliche Kraft für Ihre Abteilung nicht bewilligen können. Der Grund hierfür liegt darin, daß die zusätzlichen Gehaltskosten unangemessen sind. Beispielsweise würde die Stelle einschließlich der Lohnnebenkosten zusätzliche Ausgaben in Höhe von etwa 80 TDM im Jahr bedeuten. Daraus folgt, eine zusätzliche Kraft ist nicht drin.
Gegenargument: Ich bin der Meinung, daß sich die zusätzlichen Ausgaben auszahlen. Der Grund hierfür liegt darin, daß so das Kundenpotential besser ausgeschöpft werden kann. Beispielsweise ließen sich so beträchtliche Provisionseinnahmen durch Verbundprodukte erzielen. Daraus folgt, die zusätzliche Stelle würde sich auszahlen. Wie sehen Sie das?
Vorgesetzter: Meiner Ansicht nach sollten wir die unternehmensinternen Umstrukturierungsmaßnahmen abwarten, weil sich daraus sowieso Umbesetzungen ergeben. Zum Beispiel wird davon auch der Vertrieb betroffen sein. Daraus folgt, daß wir abwarten sollten.
Gegenargument: Ich bin der Meinung, daß uns Abwarten in diesem Bereich nur Nachteile bringt. Der Grund hierfür liegt darin, daß wir Geld verlieren und daß wir in drei Monaten schlechtere Bedingungen für eine Umstrukturierung haben. Beispielsweise läuft dann das Saisongeschäft voll an. Daraus folgt, wir sollten jetzt durch eine neue Stelle umstrukturieren. Was sagen Sie dazu?

Übung 86:

Beispiel:	Ihre Ausschußquote ist 30% über dem Durchschnitt.
Ich-Ebene:	Sie sagen, Sie seien mit meiner Leistung nicht einverstanden.
Du/Sie-Ebene:	Sie sagen, ich sei zu pingelig und sortiere Ware aus, die noch verkauft werden könnte.

Wir-Ebene: Sie sagen, wir gehen von unterschiedlichen Qualitätsbegriffen aus.

Info-Ebene: Sie sagen, es sei immer schon teuer gewesen, dem hohen Qualitätsstandard gerecht zu werden und so den hervorragenden Ruf unseres Unternehmens weiter zu fördern.

Appell-Ebene: Sie sagen, wir sollten einheitliche Qualitätskontrollen auf hohem Niveau durchführen.

Übung 87: (keine Lösungsvorschläge)

Übung 88: grunzend, suhlend, trächtig, wild, erbost, hungrig, durstig, verwöhnt, domestiziert, schlachtreif, sauber, beschützend, blutig, verwundet, schwer, borstig, geschlachtet, werfend, säugend, riechend, gefräßig, wählerisch, vorsichtig, flink, verschlagen, witternd, unberechenbar, anspruchslos, sozial, wütend, bissig, hauend, angriffslustig, verwüstend, angeschossen, gefährlich, fürsorglich, schlau, nachtaktiv

Übung 89:

Einige Freunde klassischer **Musik,** allesamt **Wissenschaftler,** trafen sich im **Straßenstaub** vor dem berühmten rechten **Kirchenschiff** des hiesigen Domes zu einem angeregten **Informationsaustausch.** Der nahegelegene **Flußlauf** war unbemerkt über die Ufer getreten. Die Musikfreunde befanden sich in großer Gefahr. In dieser Belastungssituation nahm der **Zigarettenkonsum** beträchtlich zu. Glücklicherweise kam der LKW eines ortsansässigen **Schornsteinfugensanierungsunternehmens** vorbei, der sie in Sicherheit brachte.

Übung 90:

visuell: schön, grün, braun, ansehnlich, beschaulich, lichtdurchflutet, sonnenbeschienen, schattenspendend

auditiv: rauschend, raschelnd, säuselnd, berstend, erzählend, vielsagend, ruhig, ächzend, kreischend

kinästhetisch: wiegend, brechend, ausladend, behutsam, klebrig, naß, kalt, glitschig, rauh, stark, fest
olfaktorisch: duftend, riechend, frisch, feucht
gustatorisch: würzig, bitter, sauer, faul

Übung 91: (keine Lösungsvorschläge)
Übung 92: (keine Lösungsvorschläge)
Übung 93: (keine Lösungsvorschläge)
Übung 94: (keine Lösungsvorschläge)

Übung 95: Mit intelligenten Taschenspielertricks tastete er listig prüfend, unauffällig nach kostbaren Taschenuhren.

Übung 96: (keine Lösungsvorschläge)

Übung 97: urteilen, urbanisieren, urinieren, ulken, uzen, usurpieren, utilisieren, unken

Übung 98:

1. Angriff: Was Sie sagen, ist doch nichts als heiße Luft.
Metapherspiegel: Sie wissen vielleicht, daß heiße Luft ganz nach oben steigt.
Metapherspiegel: Sie sagen, durch meine heiße Luft fliegt unser Ballon so hoch.
Metapherspiegel: Heiße Luft war die Kraftquelle der industriellen Revolution.

2. Angriff: Sie sind ein Dünnbrettbohrer.
Metapherspiegel: Besser ein dünnes Brett gebohrt, als einen dikken Balken vor den Kopf genagelt.
Metapherspiegel: Sie sagen, wer in Zukunft dickste Bohlen bohren will, ist gut beraten, zunächst mit dünnen Brettern zu üben.
Metapherspiegel: Sorgen Sie für besseres Werkzeug, dann werden wir uns auch um die dicksten Bohlen kümmern.

3. Angriff: Sie sind nicht auf Draht.

Metapherspiegel: Sie sagen, riskante Drahtseilakte liegen nicht im Interesse unseres Unternehmens.

Metapherspiegel: Sie sagen, wer auf Zäune springt, kann sich darin verfangen.

Metapherspiegel: Sie erkennen an, daß ich mich schon seit längerer Zeit für drahtlose Telefone stark mache, damit Sie mich überall erreichen können.

Metapherspiegel: Solange Ihr Maschendraht dazu dient, mich einzufangen, ist das eine reine Vorsichtsmaßnahme.

4. Angriff: Sie sind der Rattenfänger unseres Unternehmens.

Metapherspiegel: Sie sagen, wenn man mich um den vereinbarten Lohn betrügt, räche ich mich grausam.

Metapherspiegel: Sie sagen, wenn ich pfeife, folgt man mir.

Metapherspiegel: Sie sagen, ich befreie von lästigen Plagen.

5. Angriff: Du Vogelscheuche.

Metapherspiegel: Du sagst, ich sichere eine reiche Ernte.

Metapherspiegel: Du sagst, ich schütze unseren gemeinsamen Acker vor Schmarotzern.

Metapherspiegel: Du sagst, meine Kleidung sieht aus, als ob sie durch eine Gehaltserhöhung aufgebessert werden könnte.

6. Angriff: Sie sind uns ein Klotz am Bein.

Metapherspiegel: Sie sagen, ich hindere Sie an der Flucht.

Metapherspiegel: Sie sagen, ich schütze Sie vor unüberlegten Schritten.

Metapherspiegel: Sie sagen, ich halte Sie auf dem Boden der Tatsachen.

Metapherspiegel: Sie sagen, Sie fühlen sich durch mich in Ihrer Bewegungsfreiheit eingeschränkt.

7. Angriff: Sie haben eine lange Leitung.
Metapherspiegel: Sie sagen, ich kann auch über größere Distanzen Verbindungen herstellen.
Metapherspiegel: Sie fragen sich, ob ich Ihnen ein Verlängerungskabel leihen kann. (Hier wird der Angriff als Intonationsfrage verstanden.)
Metapherspiegel: Sie sagen, Sie haben durch mich auch in entlegenen Winkeln Anschluß.

8. Angriff: Sie sind eine Schlaftablette.
Metapherspiegel: Sie sagen, ich wirke entspannend.
Metapherspiegel: Sie sagen, wenn ich eine Pille wäre, würden Sie mich verschlucken.
Metapherspiegel: Sie sagen, ich verschaffe Ihnen wohltuende Ruhe.

9. Angriff: Sie Quasselstrippe.
Metapherspiegel: Sie sagen, ich kann gut mit dem Telefon umgehen.
Metapherspiegel: Sie sagen, die Worte fliegen mir nur so zu.
Metapherspiegel: Sie sagen, ich lasse Sie nur fernmündlich an meiner Welt teilhaben.

10. Angriff: Sie waren wohl nicht beim Bund.
Metapherspiegel: Sie erwarten wohl, daß ich ordnungsgemäß grüße.
Metapherspiegel: Sie sagen, daß ich kein staatlicher Bediensteter bin, sondern in Ihrem Unternehmen kreativ tätig.
Metapherspiegel: Sie befürchten, daß ich Ihre Rangabzeichen mißachte.

11. Angriff: Sie sind ein Hai in der Branche.
Metapherspiegel: Sie sagen, ich schwimme schneller gegen die Strömung als manche mit ihr.
Metapherspiegel: Sie sagen, wenn ich einmal einen feinen Duft in der Nase habe, bin ich kaum noch zu halten.
Metapherspiegel: Die meisten Haie sind sehr friedlich, wenn sie nicht gereizt werden.

Übung 99: Gudrun lacht über Clowns kaum, sondern probiert ihre lustigen Zauberkunststücke.

Übung 100: anschauen, mißachten, photographieren, abzeichnen, abmalen, bewundern, deuten, besingen, vernachlässigen, meiden, erdichten, ablichten, untersuchen, bestaunen, erklären, analysieren, ergründen, anbeten, ignorieren, erleben, verewigen, anstarren, begaffen, erkunden, berechnen, erblicken, erforschen, erfinden, vergöttern

Übung 101: nachdenken, überlegen, schreiben, grübeln, reflektieren, dokumentieren, schauen, blicken, gucken, beachten, beobachten, wahrnehmen, lesen, vergewissern, durchschauen, durchgehen, überfliegen, korrigieren, überprüfen, lösen, phantasieren, sitzen, verweilen

Übung 102: (keine Lösungsvorschläge)

Übung 103: Eine **Bimmelbahn** war der ganze Stolz meines Opas. Direkt vor seinem **Blockhaus** lag eine Haltestelle, die von einem **Trachtenclub** für **Ratespiele** bevorzugt wurde. Ein **Betonbauer,** der auch dieser Heimatgruppe angehörte, verlor einmal ein wertvolles **Brillenputztuch** und einen **Teddybär,** als er mit einem **Schwamm** das Haltestellenhäuschen reinigte. Glücklicherweise kam in diesem Moment **Rotkäppchen** vorbei, die ihm bei der Suche behilflich war. Leider fand sie nur den **Erpel** Waldemar, der Bauer Strohns entwischt war. Der Teddy blieb für immer verschollen.

Übung 104: (keine Lösungsvorschläge)
Übung 105: (keine Lösungsvorschläge)
Übung 106: (keine Lösungsvorschläge)

Übung 107:

1. Wenn **Idiot** für Sie bedeutet, daß manche Menschen nicht verstehen, wie schnell ich Dinge begreife, dann haben Sie recht.
2. Wenn **Brillenschlange** für Sie bedeutet, daß ich meine Wahrnehmungsfähigkeit mit allen mir zur Verfügung stehenden Mitteln verbessere, dann sollten Sie sich daran ein Beispiel nehmen.
3. Wenn **Hungertuch** für Sie bedeutet, daß ich hier so wenig verdiene, daß selbst meine Grundbedürfnisse als ungesichert gelten müssen, dann sollten Sie mittels einer Gehaltserhöhung Abhilfe schaffen.
4. Wenn **Ameisenbär** für Sie bedeutet, daß ich emsig wie eine Ameise und stark wie ein Bär bin, dann freut mich, daß ich auf Sie einen guten Eindruck mache.
5. Wenn **Kotzbrocken** für Sie bedeutet, daß ich einen Organismus verlasse, der mich nicht verträgt, dann sollte ich meine innovativen Ideen anderweitig vermarkten.
6. Wenn **Brechmittel** für Sie bedeutet, daß ich hinausbugsiere, was uns schadet, dann ist das zwar nicht immer angenehm für mich, aber sehr wichtig für das Unternehmen.
7. Wenn **Miesmuschel** für Sie bedeutet, daß ich einen hervorragenden Geschmack habe, dann spricht es für Sie, daß Sie das bemerkt haben.

Übung 108: (keine Lösungsvorschläge)
Übung 109: (keine Lösungsvorschläge)
Übung 110: (keine Lösungsvorschläge)
Übung 111: (keine Lösungsvorschläge)

Übung 112:

1. **Angriff: So wie Sie arbeiten, sollten Sie sich um den Beamtenstatus bemühen.**

Wir-Ebenen-Spiegel: Sie sagen, für uns sollte Genauigkeit einen hohen Stellenwert haben.

2. Angriff: Sind Sie eigentlich schon mal Auto gefahren?
Emotionsspiegel: Sie sind ängstlich.

3. Angriff: Was Sie am Bauch zuviel haben, haben Sie im Kopf zuwenig.
Ich-Ebenen-Spiegel: Sie sagen, Sie haben sehr raffinierte Methoden, um Ihre athletische Figur in den Mittelpunkt des Gesprächs zu rücken.

4. Angriff: Das bringe ich einem Schimpansen im Wuppertaler Zoo schneller bei als Ihnen.
Ich-Ebenen-Spiegel: Sie sagen, Sie haben Ihren Beruf verfehlt und wären lieber Wärter im Affenhaus geworden.

5. Angriff: Sie sehen aus wie eine Schleiereule!
Du-Ebenen-Spiegel: Sie sagen, ich habe sehr wachsame Augen.

6. Angriff: Sie kommen doch aus der links-grünen Ecke.
Umdefinition: Wenn 'links-grüne Ecke' für Sie bedeutet, daß mir die ökologische Verträglichkeit unserer Lösung sehr am Herzen liegt, ohne dabei wirtschaftliche Gesichtspunkte außer acht zu lassen, dann haben Sie den Nagel auf den Kopf getroffen.

7. Angriff: Sie gehen mit unseren Kunden um wie ein Hund mit seinem Kauknochen.
Umdefinition: Wenn 'wie ein Hund mit seinem Kauknochen' für Sie bedeutet, daß mir bewußt ist, daß unsere Lebensgrundlage durch die Kunden gebildet wird, dann ist diese Einstellung sehr serviceorientiert und kundenfreundlich.

8. Angriff: Das ist für uns nicht realisierbar.
Umdefinition: Wenn 'für uns nicht' für uns bedeutet, daß der Wettbewerb uns eine Nasenlänge voraus ist, dann sollten wir entsprechende Maßnahmen einleiten und meinen Vorschlag realisieren.

9. Angriff: Du bist flexibel wie eine Eisenbahnschiene.
Umdefinition: Wenn 'flexibel' in diesem Falle bedeutet, daß ich auf einem festen Fundament ruhe und damit die sichere Durchfahrt unseres Zuges gewährleiste, dann genießen Sie große Sicherheit in meiner Gegenwart.

Übung 113:

Meiner Ansicht nach sollten wir uns dieses Jahr ein neues Urlaubsziel aussuchen. Der Grund hierfür liegt darin, daß wir das letzte Jahr am Mittelmeer waren. Zum Beispiel könnten wir dann eine Berghüttenwanderung machen, die wir schon seit einigen Jahren ins Auge gefaßt haben. Daraus folgt, daß wir dieses Jahr in die Alpen fahren sollten. Wie siehst Du das?

Wir können die Hüttenatmosphäre auch an der See genießen, wenn wir uns in einem gemütlichen Fischerdorf ein kleines Häuschen mieten.
Beispielsweise in dem verträumten Ort, wo wir im letzten Jahr waren, etwas abseits der Dorfstraße, direkt unterhalb der Klippen. Daraus folgt, daß wir ein paar sehr gemütliche Wochen in rustikaler Umgebung verbringen könnten. Laß mich nur für uns beide reservieren.

Letztes Jahr hast Du nur am Strand gelegen. Das ist mir zu wenig aktiv. Der Grund hierfür liegt darin, daß ich im Urlaub einen sportlichen Ausgleich zu meiner Bürotätigkeit möchte. Zum Beispiel könnten wir bergwandern und uns so die nötige Bewegung verschaffen. Daraus folgt, ich möchte gerne aktiven Urlaub verbringen. Was hältst Du davon?

Ich halte das für eine gute Idee, weil auch ich mich sportlich betätigen möchte. Zum Beispiel könnten wir eine Sportart suchen, die mit viel Bewegung verbunden ist. Daraus folgt, daß wir aktiv sind und in anheimelnder Atmosphäre die Zeit verbringen. Was könnten wir machen? ---Vielleicht tauchen.

Übung 114:

1. Angriff: Du hast immer schlechte Laune.

Spiegel: Du erwartest, daß ich gute Miene zum bösen Spiel mache.

2. Angriff: Sie denken nur an Ihren eigenen Vorteil.

Argumentation: Daß ich davon meinen Lebensunterhalt bestreite, ist klar. Es geht hier jedoch in erster Linie um Ihren Vorteil. Der Grund hierfür liegt darin, daß Sie dadurch technisch auf dem neuesten Stand sind. Zum Beispiel senken sich die Produktionskosten um 15%. Daraus folgt, daß die Einführung der Technik Geld spart und Sie langfristig konkurrenzfähig macht.

3. Angriff: Du gehörst aufs Altenteil.

Ich-Ebenen-Spiegel: Du sagst, Du willst die Erfahrung im Unternehmen aufs Abstellgleis schieben.

4. Angriff: Du hast ein Gedächtnis wie ein Sieb.

Du-Ebenen-Spiegel: Du sagst, mein Gedächtnis filtert unbrauchbare Infos heraus, um sich nur mit den wesentlichen Dingen zu beschäftigen.

5. Angriff: Sie sind nicht zum Denken, sondern zum Ausführen da!

Ich-Ebenen-Spiegel: Sie sagen, Sie möchten sich der Kreativität und Mitarbeit berauben.

6. Angriff: Ich habe keine Zeit für Sie.

Einwand gleich Fundament: Gerade deshalb werden Sie nach zwei Minuten entscheiden können, wie wir miteinander arbeiten können.

7. Angriff: Sie sind ja noch feucht hinter den Ohren.

Metapher-Spiegel: Das kommt vom Tau, denn ich lege bereits um 5.30 Uhr mein Ohr ans Gras und höre, wie es wächst.

8. Angriff: Ziehen Sie sich mal vernünftig an. Wie sehen Sie denn aus?

Sinneskanalspiegel (visuell): Sie sehen, daß ich einen Anblick biete, der die Blicke auf sich zieht. Was ist bemerkenswert in Ihren Augen?

9. Angriff: Sie sind ein Querulant.

Umdefinition: Wenn 'Querulant' für Sie ein Querdenker ist, der seiner Zeit etwas voraus ist und deshalb gelegentlich auf Widerstand stößt, dann lassen Sie sich etwas Zeit.

10. Angriff: Sie können Ihr Wissen nicht plausibel machen.

Einwand gleich Fundament: Gerade deshalb sollten Sie mich einen Lehrgang zur Didaktik in der Erwachsenenbildung besuchen lassen.

11. Angriff: Sie haben nichts in den Händen.

Umdefinition: Wenn 'nichts' bedeutet, daß man Sie über meine Qualifikationen nicht in Kenntnis gesetzt hat, dann hat das schon seinen Grund.

Übung 115: (keine Lösungsvorschläge)
Übung 116: (keine Lösungsvorschläge)

Anhang

Zur Entstehung dieses Buches

Seit 1990 bietet das Dahms Privatinstitut für Rhetorik und Managementtraining GmbH, Wermelskirchen, Seminare zu kommunikativen Themen an.
Auf diesen Veranstaltungen lernten wir Persönlichkeiten aus Politik und Wirtschaft kennen, die sich immer wieder durch forsche Einwürfe, Angriffe oder Einwände aus dem Konzept bringen ließen. Diese Tatsache belastet die Kommunikation gleich zweifach. Auf der einen Seite schränkt die Furcht vor dem Einwand die Menschen ein, auf der anderen Seite blieb ein fader Nachgeschmack beim Publikum oder beim Gesprächspartner, weil unvorteilhaft reagiert wurde.
Wir entwickelten ein Konzept, das die Situationen trainiert, in denen der spontane Umgang mit Sprache nötig ist. So wurde 1992 das Schlagfertigkeitstraining geboren. Schlagfertigkeit wurde damit lernbar. Nach einer kurzen erfolgreichen Testphase wurde es breiten Teilnehmerkreisen zugänglich gemacht. Die Beherrschung von Schlagfertigkeit, die nur wenigen Genies gegeben war, konnte nun durch planvolles Training erworben werden. Der magische Schleier der Schlagfertigkeit konnte gelüftet werden. Jeder konnte nun schlagfertig werden!
Nach einiger Zeit wurde der Wunsch nach weiterführenden Informationen und nach Übungsmaterial laut. Während zweier Jahre stellten wir Informationen zur Veredelung des rhetorischen Instrumentariums zusammen. Wir strukturierten die Techniken so um, daß sie auch im Selbststudium leicht zu erlernen waren. Wir entwickelten immer neue Übungen, um den Wortschatz effektiv zu erweitern und die Zugriffsgeschwindigkeit auf Wörter zu erhöhen.
Durch Seminarteilnehmerinnen und -teilnehmern, während der Trainerausbildung, durch Gespräche mit Kollegen und durch Anregungen von ganz unerwarteten Seiten kamen immer neue Tech-

niken und Varianten dazu. Die Methodik wurde zunehmend ausgereifter, so daß inzwischen Schlagfertigkeit für alle Lebensbereiche trainiert werden kann. Nicht zuletzt durch das Spezialseminar „Schlagfertigkeit für Frauen“ kamen neue Impulse in die gesamte Schlagfertigkeit.

Literaturhinweise

Bandler, R., Grinder, J., Metasprache und Psychotherapie, Die Struktur der Magie I, Junfermann Verlag, Paderborn, 7. Auflage, 1992

Dahms Ch., Dahms, M., Klingeling - jetzt kommt's drauf an, Telefontraining für Profis, Dahms Privatinstitut für Rhetorik und Managementtraining, Wermelskirchen, 1997

Dahms, M., Dahms Ch., Schlagfertig sein in Rede und Verhandlung, Dahms Privatinstitut für Rhetorik und Managementtraining, Wermelskirchen, 1996

Döring, P., Der PRO-Verkäufer, Verlag moderne Industrie, Landsberg, 1990

Freud, A., Das Ich und die Abwehrmechanismen, Fischer Taschenbuch Verlag GmbH, Frankfurt, 1994

Goetsch, P., Die Rhetorik der amerikanischen Präsidenten seit F. D. Roosevelt, Naar, Tübingen, 1993

Klammer, M., Nonverbale Kommunikation beim Verkauf, Physica-Verlag, Heidelberg, 1989

Klinge, H., Verhandlung und Konfliktlösung, Reck, München, 1992

Kurtz, H., Konfliktbewältigung im Unternehmen, Deutscher Institutsverlag, Köln, 1983

Lausberg, Heinrich, Handbuch der literarischen Rhetorik, 3. Auflage, Steiner, Stuttgart, 1990

Lay, R., Dialektik für Manager, 13. Auflage, Langen-Müller/Herbig, München, 1987

Lay, R., Die Macht der Wörter, Sprachsystematik für Manager, Langen-Müller/Herbig, München, 1986

Little, A., Management erfolgreicher Produkte, Gabler Verlag, 1994

Marggraf, C., Teamkompetenz - Ein Qualifikationsziel der Berufsausbildung, Berlin, 1992

Oechsler, W., Konfliktmanagement, Theorie und Praxis industrieller Arbeitskonflikte,Gabler Verlag, Wiesbaden, 1979

Pielenz, M., Argumentation und Metapher, Naar, Tübingen, 1993
Regnet, E., Konflikte in Organisationen, Formen, Funktion und Bewältigung, Verlag für angewandte Psychologie, Göttingen, 1992
Riemann, F., Grundformen der Angst, Ernst Reinhardt Verlag, München, 1989
Rogers, C., Die klientenzentrierte Gesprächspsychotherapie, Fischer Taschenbuch Verlag GmbH, Frankfurt, 1983
Rückle, H., Körpersprache für Manager, 4. Auflage, Moderne Industrie, Landsberg, 1986
Rüttinger, B., Konflikt und Konfliktlösen, Goldmann Verlag, München, 1977
Schneider, E., Überzeugen durch die Kraft des Wortes, WEKA, Kissing, 1981
Schulz von Thun, F., Miteinander reden, Störungen und Klärungen, Rowohlt Taschenbuchverlag, Hamburg, 1981
Thiele, A., Die Kunst zu überzeugen, Faire und unfaire Dialektik, VDI-Verlag, Düsseldorf 1988
Ueding, G., Steinbrink, B., Grundriß der Rhetorik: Geschichte, Technik, Methode, 3. Auflage, Metzler, Stuttgart, 1994
Walther, G., Sag, was du meinst, und du bekommst, was du willst: mit Power talking zum Erfolg, 9. Auflage, ECON, Düsseldorf 1994

Weitere Veranstaltungen und Seminare des

DAHMS Privatinstitut für Rhetorik
und Managementtraining GmbH
Talweg 8
D-42929 Wermelskirchen
Telefon 0 21 96 / 9 23 57
Fax 0 21 96 / 9 54 55

Faxvorlage: Infoscheck

Ich fordere Informationsmaterial an.

Rhetorik	❑ Ja	❑ Nein
Verhandlungsführung	❑ Ja	❑ Nein
Verkaufstraining	❑ Ja	❑ Nein
Managementtraining	❑ Ja	❑ Nein
Schlagfertigkeitstraining	❑ Ja	❑ Nein
Telefontraining	❑ Ja	❑ Nein

Name ____________________

Firma ____________________

Straße ____________________

Ort ____________________

Telefon __________ Fax __________

Verkaufen I:
Was Profis erfolgreich macht!

Sie werden in diesem ersten Band zum Thema Verkauf das kommunikative Instrumentarium des Verkaufs kennenlernen. Der Schwerpunkt liegt jedoch in der Motivation des Kunden, in der Beziehungspflege und in der Ansprache des Unterbewußtseins. Begeisterungsfähigkeit und Neukundengewinnung sind weitere Themen. Eine Stärke dieses Buches ist es, daß es Sachverhalte praxisnah erklärt. Dadurch werden die Tips, Tricks und Techniken für Sie leicht lernbar und können schnell in Ihrer Verkaufspraxis angewendet werden. Mit Übungen und Lösungsteil.

Christoph und Matthias Dahms

260 Seiten, ISBN 3-9804548-3-5

Verkaufen II:
Einwände behandeln - Kunden gewinnen!

Nur wer Einwände überzeugend behandelt, gewinnt den Kunden. Sie erhalten eine umfangreiche Einführung in die Einwandbehandlung und werden zahlreiche Anregungen und Ratschläge für Ihre Praxis gewinnen. Damit wird die Einwandbehandlung ein wirkungsvolles Instrument, um den Kunden zum Abschluß zu führen. Sie gewinnen Kunden, von denen Sie bisher vielleicht nur zu träumen wagten. Mit Übungen mit Lösungsteil.

Matthias und Christoph Dahms
247 Seiten, ISBN 3-9804548-4-3